落日の工藤会

西日本新聞取材班

角川書店

まえがき

壊滅作戦前夜の記憶

北九州《きたきゆうしゆう》は「修羅の国」と揶揄《やゆ》されていた。

暴力がはびこり、一般市民でさえも暴力団から狙われかねない危険な地域だと思われていたのだ。

実際に市民が被害に遭っていたのも事実である。建設会社の役員は銃殺された。営業中の飲食店に手榴弾《しゆりゆうだん》が投げ込まれて炸裂《さくれつ》し、戦場さながらの惨状となった。家宅捜索で戦場兵器のロケット砲が見つかったこともあるのだから、特殊な地域だと思われるのも無理のないことだった。

暴力の影が街を覆い、市民はおびえ、繁華街からは酔客が姿を消した。

多くの事件は、手際よく実行され、犯人はすぐに行方をくらませており、暴力団の犯行が疑われた。だが、実行犯すら逮捕に至ることは少なかった。

地元を縄張りとしていたのは、九州最大で「日本一凶暴な暴力団」と恐れられていた工《く》藤《どう》会である。行政も警察も異例の対応を重ねて締め付けたが、工藤会は反警察に突き進むばかりで、なすすべがないようにもみえた。

ついに「工藤会対策の要」とも言われていた福岡県警の元警部が銃撃される事件まで起こってしまった。明らかに国家権力への挑戦である。「警察は頼りにならない」と、市民の不満は極限まで高まった。警察もまた追い詰められていたのだ。

2014年9月11日の朝のことだった。高い塀に囲まれた要塞《ようさい》のような豪邸から、工藤会トップの野村悟《のむらさとる》被告は姿を現し、警察車両に吸い込まれていったのだ。地元の住民にとって、驚天動地の逮捕劇であった。前例のない「工藤会壊滅作戦」は開始された。未曾有《みぞう》の国策捜査がどんな結末を迎えるのか、取材する私たちにも想像すらつかなかった。

落日の工藤会

目次

序章　衝撃の死刑判決

工藤会トップ裁判、判決公判の日

「あんた、生涯、このこと後悔するよ」

法廷で耳にすること自体が疑われる言葉だった。そう言った男の目は裁判長を見据えていたのだから恫喝《どうかつ》に等しかった。

緊張に支配された沈黙は破られ、傍聴席ではざわめきが起きている。

２０２１年8月24日、福岡地裁１０１号法廷でのことである。

この言葉を言い捨てたのは、野村悟被告。

一般市民を巻き込む凶悪な事件を何件も引き起こし、北九州市を恐怖に陥れた「黒幕」として立件された特定危険指定暴力団・工藤会の総裁である。

この日行われた判決公判で、野村被告は極刑を告げられた。

その直後にこの言葉を放ったのだ。傍聴席で息を呑《の》みながら判決を聞いていた人までを戦慄《せんりつ》させるひと言だったというしかない。

工藤会トップ裁判。

総裁の野村被告と、ナンバー2であり会長の田上不美夫《たのうえふみお》被告は、市民の襲撃を組員に指示したとして、殺人、組織犯罪処罰法違反の罪に問われていた。

ここで対象とされたのは4つの事件である。
①1998年2月の元漁協組合長射殺事件
②2012年4月の元福岡県警警部銃撃事件
③2013年1月の女性看護師刺傷事件
④2014年5月の歯科医師刺傷事件
詳細は後述するが、利権をめぐる脅迫や逆恨み、個人的怨恨《えんこん》が引き起こしたとみられる事件ばかりだ。それぞれ実行犯とされる工藤会系組員らは逮捕されて有罪判決が確定していたが、野村、田上両被告については長く罪に問えずにいた。

暴力団による事件ではおよそ、そうなりやすい。

トップからの指示があったと疑われる事件にしても、実行犯が口を割ることはまずないからだ。裁判で有罪判決を出すには「合理的疑いを差し挟む余地のない程度」の証明が必要となり、それがなければ無罪となる。証拠不十分で不起訴となることもしばしばある。

そのためトップの関与が立件されるケースはほとんどないのが実情である。

それでも福岡県警は２０１４年９月に「工藤会壊滅作戦」に乗り出し、野村、田上両被告を逮捕した。そのときから判決に至るまでには7年という時間を要した。

４つの事件に関して、野村被告らの指揮命令があったことを直接的に示す証拠がないなかにあり、間接証拠を積み重ねていく綱渡りの立証方法が採られた。なまやさしい道のりではなかった。

審理は２０１９年10月から２０２１年３月まで計62回に及び、その末にようやくこの日の判決公判が迎えられたのである——。

その日の野村被告は朝から芝居染みていた

朝から小雨がそぼ降るなか、福岡地裁前では４７５人が傍聴券を求めて列を成していた。一般傍聴席は23席しかないにもかかわらずである。

午前９時20分頃に野村、田上両被告を乗せた護送車が福岡地裁に入ると、報道陣のカメラのフラッシュが一斉にたかれた。

一般市民もメディアもそれだけ注目していたということだ。

午前10時前、野村被告と田上被告は101号法廷に入った。二人とも黒のスーツを着ていて、これまでの公判でも二人は一貫してこのスタイルだった。

野村被告はゆっくりと大股《おおまた》で被告人席に向かい、弁護団のほうへ向かって深々と頭を下げている。神妙なふるまいのようではあっても、決してへりくだっていたわけではない。どこかしら芝居染みていた。

このとき野村被告は74歳。頭には白髪が目立つようになっていた。もともと小柄なほうだが、以前より痩《や》せたのか、印象として背中が小さく見えた。

左耳につけている補聴器に手をやり、裁判所の書記官のほうを向いて「（音量を）上げとかないかんですね」とつぶやいた。

余裕を見せているようにも思えた。

そのまま傍聴席を見やった野村被告は口元に笑みを浮かべながら会釈した。親族の姿が目に入ったからだろう。あるいは、判決を見届けようと集まっている人たちを冷笑したのか……。いずれにしても、このとき野村被告は無罪を確信していたのではないかとみる向きがある。

「主文言い渡しは最後にします」

公判は午前10時に始まった。

足立勉《あだちべん》裁判長に促されて証言台に立った野村被告は、名前を聞かれると、はっきりとした口調で、野村悟と答えた。

その後、足立裁判長が「主文言い渡しを最後にし、理由から朗読します」と告げると、法廷内には緊張の空気がみなぎった。

顔色を変えた記者たちは席を蹴《け》るようにして廷外へ駆け出していった。

判決公判では、冒頭で懲役刑などの主文がまず言い渡され、そのあとに理由が述べられるのが通常である。しかし足立裁判長は主文を後回しにすると最初に断りを入れたのだ。この言葉を聞いて野村被告がどう理解したかはわからないが、主文を後回しにするのは極刑を告げる際の慣例的なやり方だ。

つまり、足立裁判長の言葉はすでに極刑を宣告したのにも近い意味をもっていたのである。そのため記者は会社に速報を入れる必要があったということだ。西日本新聞のウェブサイトでも「工藤会トップに厳刑へ」と速報を打った。

足立裁判長が読み上げる判決文は非常に長いものになっていく。判決文のなかでは、起訴された事件についてことごとく野村被告を「首謀者」と断じ、4つの事件のうち3つについては、工藤会の活動として野村被告の「指揮命令」にもとづいて行われたものと認定していた。

極刑が言い渡されることはますます疑われなくなってきた。野村被告はポケットからタオル地のハンカチを取り出し、手のひらににじみ出ていた汗をしきりにぬぐっていた。何かを訴えるように、背後に座る弁護団に視線を投げかけることもあった。言葉を交わせるわけではなく、目を逸《そ》らすこともできないなかで弁護士たちに果たしてどんな表情を見せていたのか。我々の席からは確認できないことだった。

野村被告を死刑、田上被告を無期懲役とする

午前11時40分頃に休廷となり、午後1時10分から判決文の読み上げが再開された。

そのなかでは野村被告が「工藤会内で実質的にも最上位の立場」にあり、「重要事項についての意思決定に関与していたことが推認できる」と述べられた。

野村被告は首をかしげたり、ため息をついて天井を見上げたりしていた。

この段階ではさすがに極刑は免れないものと理解していたはずである。動揺で取り乱すことはなかったが、落ち着きは欠いていた。

野村被告よりは10歳近く若い田上被告（このとき65歳）は、鋭い視線でじっと裁判長を見つめたままだった。

午後2時40分頃から再度の休廷となり、午後3時過ぎに再開された。

判決文の朗読は休憩を含めると、実に6時間に及んだ。

午後4時頃になって、ついに主文が言い渡された。

「野村被告を死刑、田上被告を無期懲役とする」

野村被告はハンカチを握りしめたまま身じろぎもせず聞いたのに対し、田上被告は手のひらを開いたり閉じたりしていた。

死刑判決が告げられるのと重なり、傍聴席では女性がすすり泣く声も聞かれた。

冒頭の言葉を野村被告が口にしたのは、このときだった。

「なんだ、この裁判は！　全然、公正やないね。公正な判断をお願いしたんだけど、全部、推認、推認。こんな裁判、あるんか。あんた、生涯、このこと後悔するよ」

足立裁判長を睨《にら》みつけるようにして口にされた言葉であり、語気は強かった。

それに続いて田上被告も吐き捨てた。

「ひどいな、あんた、足立さん」


「足立がんばれ！」


野村被告の言葉をうけて傍聴席がざわめいたのは無理もないことだった。

足立裁判長が「退廷してください」と命じても野村被告は不満を口にしていた。

ここで二人が口にしたのは〝脅し〟と取れる言葉である。

それも、この場でどうこうという話ではない。

野村被告の言葉を受けて、工藤会の組員たちが動き出すことも十分考えられた。

「後悔するよ」という言葉には「後悔させろ」という意味が込められていると受け取られ

てもおかしくはないからだ。

野村被告の弁護団は、問題の発言に対して「脅しや報復の意図ではなかった。こんな判決文を書くようでは裁判長という職務上の後悔を残すことになるという意味」だと弁明したが、それで騒動がおさまるはずはなかった。


公判翌日に福岡県警は、裁判官や証人などの保護対策を強化することを表明している。判決の3日後には野村被告と田上被告への接見禁止も決定した。この対処にしても、工藤会の組員らになんらかの指示が伝わるのを防ぐための処置だったと考えられる。

県警からは「司法関係者に危害が及ぶ危険性がある」との声も聞かれた。法治国家として、司法関係者への報復が行われることだけはなんとしても防ぐ必要があった。

インターネット上では「足立がんばれ！」などと、裁判長に対するエールも飛び交うようになっていた。

足立裁判長はこの公判以前の4月に東京高裁に異動していた。この日は出張のかたちで判決文を読み上げていたが、東京に戻ってからは警察当局の身辺警護の対象とされている。24時間体制での警備が続けられるようになったのだ。

過去にも裁判で〝脅迫〟事件が

実は、工藤会が絡んだ裁判での〝脅迫〟事件は、これが初めてではない。「工藤会壊滅作戦」により、野村、田上両被告が逮捕された後の２０１６年5月、工藤会系組幹部が男性を日本刀で突き刺したとして殺人未遂罪に問われた裁判員裁判の初公判が、北九州市の福岡地裁小倉《こくら》支部で行われた。

公判が終わった後、傍聴した二人の男が、裁判員を務めた女性二人を追いかけた。裁判所を出た後、路上でそれぞれ「(次回公判がある) 明後日《あさって》も来るんやろ」「もうある程度、刑は決まっとるんやろ」と声をかけたのだ。

男たちは殺人未遂罪に問われた組幹部と中学の同級生だった。うち一人は元組員で、かつて組幹部と同じ組織に所属していた。

裁判員法は、裁判員に対する請託（依頼）や威迫（脅迫）を禁じており、違反すれば2年以下の懲役または20万円以下の罰金が科される。

事態を把握した地裁小倉支部はすぐさま、予定していた判決期日を取り消した。だがその後、裁判員6人のうち4人と、補充裁判員一人が辞任を申し立てて、地裁小倉支部が5人を解任する事態に発展した。裁判員裁判を続けることが困難となり、裁判員を除外し、通常の裁判のように裁判官のみで裁くことにした。公判途中で裁判員裁判から除外するのは、2009年5月の裁判員制度導入以降、初めてのことだった。

その後、地裁小倉支部は福岡県警に刑事告発し、裁判員に声を掛けた男二人を裁判員法違反容疑で逮捕。二人は執行猶予付きの有罪判決を受けた。裁判員法違反容疑での逮捕も、2009年5月に裁判員制度が始まって以来、初めてだった。

〝鉄の結束〟か〝恐怖政治〟か

2019年10月から始まっていた野村、田上両被告の審理は、検察側と弁護側の〝ガチンコ勝負〟だったといっていい。

4つの事件すべてで実行犯の有罪が確定していた事実からすると、検察側が有利に見えなくもない。しかし、野村被告らから直接、指示を受けたと供述した実行犯は一人もいなかった。指揮命令の直接証拠は存在しなかったのである。

そういう中にあり、検察側が立証の柱に据えたのは、工藤会という組織の特殊性だった。工藤会は他の暴力団と比べても上下関係に厳密な組織と見られている。〝鉄の結束〟という言い方もされている。

徹底した情報統制と上意下達によって組織は支えられているということだ。結束というと聞こえがいいが、上への断りもなく警察官に会うだけで破門にされるような〝恐怖政治〟が行われていたと見ることもできる。

たとえばこの日、判決を告げられたあとに野村被告と田上被告は、護送車に乗せられて福岡拘置所に戻っているが、拘置所の前にはスーツ姿の組員風の男たちが10人ほど待機していた。雨が降っていたなかで傘も差さずにいた彼らは、護送車が来ると、深々と頭を下げている。

そのためだけに彼らは、雨の中で待っていたのである。

そのような組織だからこそ、野村被告が発したひと言をただの恨み言として済ませてしまうわけにはいかなかったのだ。

証人尋問のなかでも、工藤会の幹部らはほぼ毎朝、野村被告の自宅を挨拶《あいさつ》のために訪問して、正座をして手をつき、「おはようございます」と頭を下げていたという話が聞かれていた。

公判で証言した組員のなかには「（野村総裁は）会の象徴。引退してるけど神みたい」と口にする者もいた。「オヤジのためなら命も捨てられる」との言葉も聞かれた。

そんな組織において野村被告の指揮命令もなく実行されるような事件ではなかったということを検察側は立証していったのだ。

そうした論旨にもとづく判決は、野村被告側としては受け入れがたいものだったにちがいない。だからこそ野村被告は「すべてが推認で通る裁判などがあるのか」という言い方をしたわけである。

この点については弁護団も一貫して異議を唱えていた。

２０２１年３月に行われた最終弁論においても弁護団は「検察官は独りよがりの独善的な推認に終始している」、「検察官の主張は妄想に過ぎない」と批判を繰り返していた。

90％以上の市民が極刑を「評価」

それでもこの公判では死刑判決が出されたわけである。

この事実について、どう捉《とら》えるべきか。

工藤会の捜査に長く携わってきた元捜査幹部は「有罪は確信していたが、せいぜい無期懲役ではないかと思っていた」と話している。

4つの事件で死亡した被害者が一人だったことからも、無期懲役が落としどころになるのではないかと推測していた関係者は少なくなかった。

1983年に最高裁が示した「永山基準」（永山事件の判決で示された死刑適用の基準）では、残虐性や計画性など9つの指標を総合的に考慮して判断すべきだとされたが、そのなかでもとくに重視されるのが殺害された被害者の数だ。過去の判決例を振り返っても、殺害された被害者が一人で死刑判決が出された例は少なかったのである。

そういうことからいえば、野村被告に対する極刑判決は「予想外」だったという人がいるのも理解はできる。

元日弁連民事介入暴力対策委員長で、暴力団排除運動などに詳しい疋田淳《ひきたきよし》弁護士は次のように話している。

「間接証拠の積み重ねにより暴力団トップの関与を認定したきわめて画期的な判決です。

新たな組織犯罪の抑止効果や暴力団壊滅にとっても弾みになるところがあるでしょう」

西日本新聞では判決の直後に、北九州市民１００人に対して街頭アンケートも実施している。

「直接証拠がない」、「死刑そのものを評価しない」という否定的な声もわずかに聞かれたものの、野村被告に対する判決を「高く評価する」と答えたのは48人で、「評価する」も45人になった。合わせれば90％を超えていた。

支持する人からは、「上の命令で下の人が動くのは当然」（60代男性）などといった意見も聞かれた。

間接証拠を積み重ねていくことで野村被告の関与を認定した判決が下されたことに関しても「納得している」という意見が多かった。

「極刑を出さないと事件が続く」（50代女性）という現実的な声も聞かれている。

死刑判決がこれだけ〝評価〟〝支持〟される例は少ないはずだ。

北九州市はこれから、暴力に怯えずに済む街になれるのか

工藤会壊滅作戦が始まって以来、工藤会は本部事務所をはじめ20以上の事務所を失うなど弱体化している。

そのうえで団体のトップに対して極刑判決が出されたわけだが、これですべてが終わったのかといえば、そうとはいえない。

判決を不服とする野村被告は、福岡高裁に控訴したあと、控訴趣意書の提出期限を控えた２０２２年７月になって弁護団の全員を解任している。

極刑判決を避けられなかった弁護団への不満を募らせていたとみるのが妥当である。

新たに選任された弁護人もまた刑事弁護の経験が豊富な人物だ。

弁護団解任の影響がどう出るのか、現時点では推し量ることすらできない。

工藤会トップ裁判は、長期化する様相を呈しているのだ。

1章　武闘派ヤクザの生い立ち

「近代ヤクザ発祥の地」の昔と今

福岡には「川筋もん（者）」、「川筋気質」という表現がある。

川筋とは、県中部の筑豊《ちくほう》地方から県北部の北九州市、中間《なかま》市、遠賀《おんが》郡を流れる遠賀川流域を指しており、川筋もんとは、そこで炭鉱の採掘や石炭の運搬をなりわいにする人たちを表した言葉だ。「竹を割ったような性格」「義理人情に厚い」など良い意味で使われることもあれば、「けんかっ早い」「気性が荒い」人を呼ぶこともある。

そもそもこの地区は、〝近代ヤクザ発祥の地〟ともいわれている。

まだ元号が明治だった1901年にさびれていた八幡《やはた》町（現在の北九州市八幡東《ひがし》区）で官営八幡製鉄所東田《ひがしだ》第一高炉に火が入り、本格的な稼働を始めたことが背景にある。

当時の八幡町の人口は数千人規模だった。日清《にっしん》戦争の賠償金を使って日本初の近代製鉄所を建てようとしたとき、このさびれた町が選ばれたのは、良質な石炭を産出する筑豊炭田が近く、洞海《どうかい》湾に面していて海運の便がよかったからである。

筑豊炭田は明治期には全国の産出量の半分の石炭を産出しており、八幡製鉄所では全国の半分以上の鉄を生産していた時期もある。戦後も復興のために八幡製鉄所は稼働したので、筑豊地区と北九州には全国から労働者が流入し続けた。

長く暴力団の研究を続け、「暴力団博士」の異名があるノンフィクション作家の廣末登《ひろすえのぼる》さん（久留米大非常勤講師）は、当時の状況を次のように語る。

「この地区で働いていたのは他の土地から流れてきた者たちが多く、トラブルは頻発しました。人とカネの集まる場所の常として、利権が生まれ、縄張りが生じた。それをめぐって血なまぐさい刃傷沙汰《にんじようざた》を交えながら新興都市が膨張していったんです」

炭鉱の仕事や港の仕事は、明日知れぬ危険なものだということもあってか、周辺では賭《と》博《ばく》場やストリップ小屋が繁盛した。廣末さんも「人が集まるところに娯楽は生まれ、それを取り仕切ったのがヤクザだった」と指摘する。

〝近代ヤクザの祖〟ともされる吉田磯吉《よしだいそきち》（１８６７〜１９３６年）は、遠賀郡芦屋《あしや》村（現、芦屋町）に生まれた。石炭の積み出し港として栄えた若松《わかまつ》で海運業などを手広く展開しており、のちに衆院議員を17年間務めている。

指定暴力団・山口組の創始者である山口春吉《やまぐちはるきち》（１８８１〜１９３８年）も、筑豊から神《こう》戸《べ》に進出した吉田磯吉門下の組に入り、頭角をあらわしていった人物だ。

現在、福岡県内には、北九州市を拠点とする「工藤会」のほか、筑豊地方の「太州会《たいしゅう》」（構成員と準構成員を合わせたおよその勢力は120人）、久留米《くるめ》市の「道仁会《どうじん》」（同310人）、大牟田《おおむた》市の「浪川会《なみかわ》」（同140人）、福岡市の「福博会《ふくはく》」（同130人）と、全国最多となる5団体の指定暴力団が存在している。

その事実にしても、こうした歴史と無関係ではない。

それほど広くない地域にこれだけの勢力が集まっているのは、ある種、異常といえる。戦後から暴力団同士の抗争や発砲事件なども多く、福岡県民にとって暴力団の存在は大きな脅威となっている。

工藤組vs3代目山口組

北九州市の小倉は、古くから本州と九州を結ぶ陸上交通の要衝として栄えた。長崎街道や中津《なかつ》街道など九州五街道の起点であり「九州の道は小倉に通じる」とも言われていた。

工藤会の源流をたどれば、戦前戦後の混乱期の小倉にまで遡《さかのぼ》る。

警察の内部資料や福岡県警関係者の話によれば、終戦翌年の１９４６年に工藤玄治《げんじ》が「工藤組」を結成している。

工藤は名の知れた博徒で、戦前から旧小倉市を縄張りにしていた。のちに2代目トップとして組織を率いることになる草野《くさの》高明《たかあき》はこの時期から工藤に従っていたとみられる。

大小さまざまな組が割拠していた北九州地区に、3代目体制の山口組が進出してきたのが１９６０年代だ。プロレスや芸能の興行などをめぐって工藤組との小競り合いが繰り返された果てに１９６３年には「紫川《むらさきがわ》事件」が起きている。

この時期、対立が激化していくと、山口組は組員２００人を送り込んできたので、警察は７００人を動員して警戒にあたった。それでも抗争はおさまらず、工藤組幹部が射殺されてしまう。その報復として工藤組の組員が山口組系組員二人を殺害したのだ。拉致《らち》して河川敷に連れていき、石で撲殺したのだから、むごたらしいやり方だった。二人の遺体は小倉の中心部を流れる紫川に投げ込まれ、翌日、下流で発見されている。

紫川事件は、工藤組の内部分裂も招いた。

事件から3年後の1966年、組織末端からの突き上げ捜査を続けてきた福岡県警は、殺害を指示したとして工藤組系草野組組長の草野高明を逮捕している。

草野は勾留《こうりゅう》中に殺人への関与を否定したうえで、工藤組からの脱退と草野組の解散を表明し、小倉署に脱退解散届を提出した。このことを事前に知らされていなかった工藤玄治は激怒して、草野を絶縁処分としたのだ。

刑期を終えて1977年に出所した草野は、あらためて「草野一家」を結成した。

この際、工藤とも面会して、シノギ（資金源）は賭博のみにして「工藤会（1970年に工藤組から改称）の縄張りを荒らさない」ことなどを条件に草野一家の結成を認めさせていた。

市民を恐怖に陥れた「小倉戦争」

この後すぐ草野一家が勢力を拡大していったこともあり、工藤会と草野一家のあいだで抗争が起きてしまう。

「小倉戦争（北九州戦争）」である。

こうした呼ばれ方をされていることからもわかるように争いは苛烈《かれつ》なものだった。早くから争いの火種はあったが、小倉戦争と呼ばれるほどの激しい抗争は１９７９年の師走に始まった。工藤会系の田中《たなか》組組長が情婦の住むマンションにいたときに襲撃を受け、射殺されたのだ。

年が変わると、街中での銃撃戦までが展開された。両組織の幹部たちが繁華街で鉢合わせとなり、口論から銃の撃ち合いとなり、双方の幹部が死亡している。

この後、立て続けに発砲事件が起きたので、市民は不安に怯《おび》える日々を過ごすことになってしまう。この頃の北九州には、援軍といえる勢力が全国から集まっていたのだ。

稲川《いながわ》会の稲川聖城《せいじょう》初代会長が仲介に入り、一度は手打ちとなったが、１９８６年になると、小倉のクラブで両組織の幹部を含む十数名が銃で撃ち合う事件も起きた。

街のクラブが戦場と化してしまったようなものだった。

このときには死者こそ出なかったものの、その後に草野一家の幹部が射殺されるなどの事件が続いた。

同じ年に福岡県内では、山口組と道仁会の抗争も起きている。

こちらは「山道抗争」と呼ばれ、発砲事件は70件を超えたと言われており、罪のない少年や一般市民までもが抗争に巻き込まれている。道仁会の本部事務所には手榴弾が投げ込まれることもあったのだから、やはり戦争に近かった。

山道抗争が終結したのは翌年のことだ。警察の説得もあり、両組織のトップが抗争終結を宣言して誓約書を提出している。手打ち式では工藤玄治が仲裁人を務め、九州の暴力団のトップがほぼ集まった。

小倉戦争が決着したのも同じ１９８７年の6月である。

火種が生まれた頃から数えれば10年にわたる抗争だった。

このとき工藤会と草野一家が合併して、「工藤連合草野一家」が発足した。長い抗争によってどちらの組織も疲弊しており、存続のための和解だったと考えられる。

この合併によって35団体がまとまった。

勢力は８００人を超える九州一の組織が誕生することになったのである。

工藤会〝中興の祖〟溝下秀男

工藤連合草野一家では、総裁に工藤玄治、総長に草野高明が就いていた。ナンバー3に当たる若頭には草野一家系の溝下秀男《みぞしたひでお》、次位の本部長には工藤会系田中組組長の野村悟が就任している。

現在のトップである野村の名前はこのあたりから浮上してくるわけである。

1990年には、工藤が名誉総裁、草野が総裁に退き、溝下が工藤連合草野一家を継承している。工藤会の歴史を振り返るうえで溝下は〝中興の祖〟と位置付けられる。

溝下は戦後間もない1946年に筑豊地方に生まれた。

19歳の頃から愚連隊として活動し、24歳で溝下組（のちに極政会に改称）を結成。1979年頃に草野一家に合流している。

実名で『極道一番搾り』といった著書を出すようなヤクザらしからぬ一面をもつ人物だ。著書のプロフィールには「格闘技からジェットスキーまでスポーツ万能に加えて、書、水墨画、篆刻《てんこく》と多才なことで知られた」とある。実際のところ、溝下から達筆な書を贈られた関係者は少なくないようだ。

その溝下がトップに立つ少し前になる1988年に西日本新聞夕刊（9月22日付）では、溝下について次のように分析していた。

「〝邪魔者は消す〟式の武闘性、敵と見られていた対立暴力団組長と兄弟縁組みをする計算高さに加え、地元建設業界などから吸い上げた豊富な資金源で、組織のNO2にのしあがった」

組織の運営手腕には特筆されるべきものがあったようで、工藤会と草野一家の合併の際にも溝下が尽力していた。溝下が工藤連合草野一家を継いだあとには北九州から他の暴力団は姿を消していき、工藤会の独占状態になっている。

そして1999年1月に溝下は工藤連合草野一家の名称を「工藤会（工藤會）」に変更した。ここまでが溝下が成したことだ。

翌2000年に溝下は総裁に退き、理事長だった野村が4代目会長に就任している。

溝下は2006年、病気を理由に隠居を表明して、2008年に肝臓がんで死去した。北九州市内で行われた葬儀には山口組、稲川会など全国から20以上の団体が参列している。

福岡県警は1000名を超える警官を動員して、不測の事態に備えた。

この後、野村が絶対的な存在として組織に君臨する体制となったのだった。

木刀と資金力

野村悟とはどんな男だったのか。

終戦後の1946年に旧小倉市で4男2女の末っ子として生まれた。

裕福な農家で、野村の父親は田んぼや山林を多数所有していた。父親が亡くなったあとは母親が土地を管理しており、母親が亡くなった際には7億円を相続したといわれる。

工藤会で地位を築く以前から金銭的に恵まれた環境にあったのは確かだ。

子供の頃から野村は、周囲に一目置かれていたようだ。

資金力だけではない。当時を知る地元の男性は、野村は〝木刀の悟〟という異名をとっていたと回顧する。

「小柄だったので、腕っぷしがめちゃくちゃ強いわけではなかったが、いつも木刀などの武器を持っていた。喧嘩《けんか》を売られたり、バカにしたりした相手は徹底的に攻撃した。負けても必ず仕返しをしてくるので怖かった」

野村が暴力団に加入したのは1972年頃のことだ。

抗争が起きれば、仲間の組員の前に札束を詰めた箱を差し出して「好きなだけ持っていけ」と、資金力を見せつけていたともいわれる。

1986年頃に野村は、工藤会系の中核組織、田中組の3代目組長になった。

翌1987年に工藤連合草野一家が結成された際に本部長に就任したわけだが、その後、溝下に引き上げられてナンバー2である若頭になっている。こうした出世を経て2000年に4代目会長に就任し、工藤会のトップに立ったわけだ。

溝下と野村、どちらにも接客した経験があるスナックのママは両者の違いをこう語る。

「溝下さんは偶然一緒になった一般客とも笑顔で飲み交わすような陽の人」

「野村さんは若衆を引き連れ、寡黙なタイプ。気前がよくて、『こいつらにうまい酒飲ましてやって』と100万円をポンと置いたときもありました」

豊富な資金力で組織をのし上がる

野村悟の自宅は、北九州市小倉北《きた》区の広大な緑地公園の傍にある。**要塞**を思わせるような高い壁に囲まれていながら、壁の内側は松や竹などが植えられた日本庭園のようになっている。

「本家」とも呼ばれる大邸宅であり、財力の大きさが窺《うかが》える。

序章で記したトップ裁判とは別に、野村被告は工藤会への上納金にも関連して約3億2000万円を脱税したとする所得税法違反罪にも問われている。この件については、懲役3年、罰金8000万円とした一、二審判決が2021年に確定している。

古い時代の異国の話になるが、禁酒法時代に暗黒街の帝王として名を馳《は》せたアル・カポネもまた、脱税で告発されて有罪判決を受けている。

アル・カポネの場合、正攻法では法の裁きにかけられなかったことから捜査方針が切り替えられていたのだ。それにより当局は、アル・カポネの帝国神話を崩すことができたのだから、両者の構図には似た面もある。

この脱税事件の公判で野村は、1980年頃から賭場を開帳し、「金融、不動産、JR日《にっ》豊《ぽう》本線沿いの市議らを客」として、「最高で1日2億円、平均2000万から3000万円稼いだ」、「遺産やこれらの収入を自らの生活費や子供のために使っていた」と供述している。

資産は10億円ほどあったようで、県警の家宅捜索で、野村被告の自宅から約1億円が見つかったこともある。捜査関係者は「豊富な資金を背景に組織内でのし上がった」と見ている。

高級クラブに投げ込まれた手榴弾

溝下の時代から北九州市や周辺では、暴力団の関与が疑われる市民襲撃事件が相次いでいたが、野村が実質トップに就任した2000年以降は残虐性が際立ってきた。なかでも衝撃が大きかったのが、2003年8月18日の夜に起きた「倶楽部《クラブ》ぼおるど」への手榴弾投げ込み事件だ。

ぼおるどは、小倉でも指折りの高級クラブであり、その経営者は、地域の暴追リーダーとして知られていた。地元飲食店などでつくる「鍛冶《かじ》町・堺《さかい》町を明るくする会」の役員でもあり、組員の入店を決然と拒否していたのだ。

この事件前にもぼおるどは、工藤会系の組員による嫌がらせを受けていた。前年には店の入り口付近に糞尿《ふんにょう》を撒《ま》かれた事件もあったほどだ。

事件直前には「暴力団追放宣言の店」のステッカーを掲示していた周辺のスナックなど約40店舗のドアのカギ穴に瞬間接着剤が流し込まれる被害も続発していた。

近くの飲食店オーナーは「こんなことばかり続いては小倉が怖いところというイメージが広がってしまう」と深刻な顔で話していたものだ。

そんな中にあり、店への脅しに〝戦場兵器〟が使われたのだからショッキングだった。

このとき、ホールでは20人ほどのホステスが待機していた。そこに突然、現れた男が手榴弾を投げつけてきたのだ。

手榴弾は一人のホステスの頭に当たってから壁に跳ね返って爆発したのだという。

彼女たちからすれば、何が起きたかもわからなかったはずだ。

すさまじい爆音に、彼女たちの悲鳴が重なった。

手榴弾の保管状態が悪かったのか、不完全爆発だったと、のちに判明している。そうでなかったなら大惨事になっていたにちがいない。

爆発は彼女たちの間近で起きたのである。このときは死者こそ出なかったが、多くのホステスがひどい火傷《やけど》やケガを負っている。

すぐ近くのビルにいた男性は爆発のすさまじさを次のように表現した。

「ドーンと重機が突っ込むような音だった。地震のようにビルが揺れていました」

繁華街の惨劇

手榴弾を投げつけた男はすぐに店から逃走を図っており、通りがかりの男性がその現場を見ていた。

「フルフェイスの黒いヘルメットに着衣も黒ずくめの男が逃げ出してきて、店の中から従業員らしき4、5人の男が追いかけてきたんです」

男は店員たちに押さえつけられて、まもなく死亡した。

死因は窒息だった。

店員たちが数人がかりで押さえつけた際に胸部が圧迫されたことによる。

店員たちにすれば、なんとしても逃すことはできないという意識しかなかったはずだ。

この実行犯は、工藤会系の組員（30代）であることが判明している。

防犯カメラの映像からは、この実行犯は一度、店内に入りかけながらもいったん店を出て、また踵《きびす》を返して店内に戻って犯行に及んだことがわかっている。どうしてそういう行動をとったのかを確かめることはできないが、ホステスたちのいる場所に手榴弾を投げ込むのがためらわれたからではないかという見方もされている。

そのように逡巡《しゅんじゅん》したとしても、結果的には実行しないわけにはいかない。そういうところからも工藤会という組織の厳しさが推し量られる。

爆発音に驚いて近くの店の従業員も飛び出してきただけでなく、通行人たちも集まってきていた。繁華街での大騒動なのだから当然である。

救急車も駆けつけ、店の中からは女性たちが次々と担架で運び出された。手足にひどい傷を負い、おびただしい出血をしている女性もいた。爆発で飛び散った破片などが刺さったのか、両足に無数の傷があり、出血していた。

事件当時、県警北九州地区暴力団犯罪対策室の副室長として工藤会捜査の先頭に立っていた藪正孝《やぶまさたか》氏は、連絡を受けて駆けつけた現場の状況について、定年退職後にまとめた『県警VS暴力団』（文春新書）の中で次のように詳述している。

「私が到着すると、すでに負傷者は救急隊が病院に搬送し、店の関係者らは小倉北署で事情聴取中だった。私は応急的に現場を検分した。手榴弾の破片が飛び散り、付近を破壊しているはずだが、そのような痕跡はない。だが、ソファがひっくり返り、爆発現場の壁板が割れていた。壁板を隔ててトイレがあったが、小便器が粉々になっていた。店内のガラス窓は上から壁紙が張られており、壁にしか見えないようになっていたが、爆発現場付近の窓は全て内側から外にガラスが砕け散っていた。つまり強烈な爆風が生じたのは間違いない」

このとき使われた手榴弾は米軍製のもので、爆風の威力が強い攻撃型手榴弾だったのだという。不完全爆発でなかったならどうなっていたのかと、あらためてぞっとする。

安倍元首相も被害者に！

ぼおるど襲撃事件の背景として、暴力団の資金源の変化をあげる関係者は少なくない。

1992年に暴力団対策法が施行されて以来、暴力団の資金源は細る一方になっていた。

暴力追放運動が広まり、小倉の繁華街でも「みかじめ料を要求されたらすぐ警察に電話する」という飲食店経営者は増えていた。

暴追運動に携わる弁護士は「暴対法施行で旧来型の集金構図が崩れるなか、恐怖で支配するという彼らの行動原理は尖鋭《せんえい》化しつつあったのかもしれない」と指摘する。

そうした背景もあり、2000年以降は北九州市を中心に市民襲撃事件が相次いだ。

そのうちのいくつかを挙げておきたい。

いまなお取り上げられることが多いのは安倍《あべ》晋三《しんぞう》元首相宅への放火事件だろう。

2000年の事件なので、安倍氏は内閣総理大臣になる前で、内閣官房副長官という地位にあった。

下関《しものせき》市長選挙に絡んで、安倍陣営から対立候補への選挙妨害を依頼されたという男が安倍元首相の地元秘書に対して成功報酬を要求したことが事件の端緒になっている。

妨害依頼が実際にあったのかどうかは後年まで取り沙汰されることになるが、真実はわからない。このときは安倍陣営から被害届が出されて、男は恐喝容疑に問われた。そこでこの男は工藤会系の組長に報復を依頼したのだ。

このときには安倍元首相の自宅の倉庫や後援会事務所などに火炎瓶が投擲《とうてき》された。自宅の倉庫は全焼し、乗用車3台が全半焼する被害が出ている。

この組長は、結果として何の報酬も得られていないが、金目的でこの犯行に及んだものと見られている。

奥さんの目の前で繰り広げられた凶行

暴力団追放運動に取り組んでいた人物に対する報復事件も多かった。

安倍晋三元首相宅への放火事件と同じ2000年には、工藤会幹部のプレーを拒否した北九州市小倉南《みなみ》区のゴルフ場支配人の自宅に工藤会系組員が侵入して、左胸を刃物で刺して逃走した事件があった。

支配人は、このとき受けた傷が原因となり翌年亡くなっている。

ゴルフ場では、グリーンが破壊されてしまう事件なども起きていた。

少し時間を飛ばせば、2010年には暴追運動に取り組んでいた北九州市小倉南区の自治総連合会長宅への発砲事件があった。

翌2011年には建設会社役員（当時72歳）が射殺されている。

もともと暴力団との付き合いはあった人物だが、業界として暴力団排除が徹底されるようになっていくと、暴力団関係者とは距離を置いて暴排運動に取り組むようになっていた。そうした状況に対する報復であり、見せしめだったと考えられている。

この役員は、奥さんとともに車で帰宅したところだった。自宅前まで着いたときに後ろから追ってきていたのだろうバイクがその前に止まった。役員が助手席から降りると、バイクの後部座席に乗っていた男に銃で撃たれたのだ。銃弾は2発。

首からの失血がひどくて1時間後に亡くなった。

大相撲九州場所を観戦したあとのことだったという。奥さんの目の前で繰り広げられた残忍すぎる犯行だった。

「手榴弾110番」制度が導入される異常事態

立件には至っていなくても、警察が工藤会の関与を視野に入れて捜査している事件も多数ある。

2010年3月には、暴力団追放を前面に掲げる北九州市の北橋健治《きたはしけんじ》市長宛ての脅迫文が市役所に届いた。市長と周辺に危害を加えることをほのめかす内容だった。

2011年3月5日未明には九州経済界を代表する企業である九州電力と西部ガスの幹部宅に、相次いで手榴弾が投げ込まれている。西部ガス社長宅の手榴弾は不発だったものの、九州電力会長宅では爆発し、車庫などが破壊された。

この事件は現在でも容疑者逮捕に至っていないが、福岡県警は当初から工藤会の関与を視野に入れて捜査を進めていた。

事件から6日後の3月11日には、福岡県知事、福岡市長、北九州市長、福岡県警本部長、福岡県公安委員長が緊急トップ会談を開催し、工藤会との対決姿勢を鮮明にしている。

この時期、福岡県内に拠点を置く道仁会と九州誠道《きゅうしゅうせいどう》会（のちに浪川睦《なみかわむつみ》会、浪川会に改称）が抗争状態にあり、こちらでもやはり手榴弾が使われる事件が起きていた。

2011年は、福岡県内で手榴弾が使われる事件が全国最多の6件起きる不名誉な事態となった。

そこで福岡県警は、２０１２年４月から全国初の「手榴弾１１０番」制度を導入した。通報にもとづいて手榴弾がみつかり、容疑者が検挙されれば、手榴弾１個につき10万円を目安に報奨金を支払うというものだ。

市民に対して戦場兵器の情報提供を呼びかけなければならなかったのだから異常事態というしかない。警察にとっても苦渋の決断だった。

まさに戦場状態！　ロケット砲までがみつかった

２０１２年６月にも驚くべき事件があった。

福岡県警の家宅捜索により、北九州市戸畑《とばた》区の住宅街にある木造２階建ての倉庫からロケット砲がみつかったのだ。

１発で小さなビルを壊すほどの破壊力があるものだというから絶句する。

軍事評論家は「きわめて危険な兵器。軍隊以外に出回っているとしたら衝撃だ」と驚き、県警幹部は「まさに戦場状態」と危機感をあらわにした。

私たち記者も、暴力団関係者に対して「いまの日本でロケット砲にどんな使い道があるのか？」と尋ねているが、「さっぱりわからない」という回答しか得られなかった。

福岡県警はこの倉庫に出入りしていた男を逮捕して、公判で検察は「工藤会の元構成員」と指摘した。

男は無罪を主張したが、実刑判決が言い渡されている。何のためにロケット砲を入手したのかはわからないままになっている。

こうした異常事態が続いていたことから北九州市はいよいよ〝暴力の街〟〝修羅の国〟というイメージが強くなっていたのだ。

ゼネコンなどは北九州進出に二の足を踏み、もともと深刻だった人口減少にも拍車がかかった。行政や市民はこうした負のイメージに悩まされ続けていくことになる。

「特定危険指定暴力団」に指定

２０１２年12月、福岡、山口両県の公安委員会は、10月に施行されたばかりの改正暴力団対策法にもとづいて工藤会を「特定危険指定暴力団」に指定した。

同時に、道仁会と九州誠道会は「特定抗争指定暴力団」に指定している。

暴力団対策法を改正して整備された規定だが、「特定危険」は工藤会を指定することを前提にした法整備だったといっていい。

指定は全国初のものであり、現在でも工藤会は全国唯一の特定危険指定暴力団である。工藤会が、「特定危険」の指定を受けたことにより、警戒区域内で市民らに不当要求をした組員は中止命令なしに逮捕することが可能になった。つまり、工藤会系の組員は、みかじめ料などを要求しただけでも逮捕できるということだ。

このことが工藤会に対する抑止力になったのかといえば、そう考える関係者は決して多くはない。

北九州市ではこの後も残虐な市民襲撃事件などが続いていく。ほかの地域との際だった違いは、市民や一般企業がターゲットとなる事件が頻発していたことだ。

工藤会をそのままにしておく限り、北九州市が〝暴力の街〟でなくなることはない。終戦翌年に産声をあげた工藤会は、平成の世の中においてもなお、そういう存在であったということだ。

（章内、一部敬称略）

2章　ヤクザと海

岸壁に立つ〝殺された組合長〟

「響灘《ひびきなだ》には巨大な利権が眠っている。特異な海だ」

福岡県と山口県を結ぶ関門《かんもん》海峡の北西側に響灘は広がる。地理的な利点もあり、単なる漁場ではないためにこうした言い方をする者たちがいた。

響灘に面する北九州市若松区は、明治期から昭和中期にかけて石炭の積み出し港として栄えてきた。火野葦平《ひのあしへい》の長編小説『花と龍』の舞台にもなっている。その中で「若松の大親分」として登場するのが、近代ヤクザの祖とされる吉田磯吉だ。

利権があるところには必ず人が群がる。争いが尽きないのが常である。

響灘をめぐる利権にはやはり工藤会が絡んでいた。

2021年に判決が出された工藤会トップ裁判にも直接つながってくることだ。

若松区の沿岸部には現在、2000ヘクタールにも及ぶ埋め立て地が広がっている。廃棄物処理場や工業団地、太陽光や風力、バイオマスの発電所など多くの施設が建ち並ぶ一画に、国と北九州市が約１０００億円を投じて整備した物流拠点港「ひびきコンテナターミナル」がある。

１９９６年に北九州市は、この当時、経済発展が著しかった中国や韓国の貨物を、北米、欧州へ運ぶ中継地とすることを目指す「北九州港響灘環黄海《こうかい》圏ハブポート構想」を策定した。ひびきコンテナターミナルはその中核施設に位置づけられている。

8年がかりの工事を経て、２００５年に開港。中国、韓国のほか、台湾や東南アジアと航路を結んだ。総面積は約39ヘクタール、貨物船を係留する岸壁の最大水深は15メートル。日本海側のコンテナ港では最大規模の施設となった。

コンテナターミナルの傍には脇之浦《わきのうら》という小さな集落がある。

響灘を漁場とし、素潜り漁や刺し網漁が盛んな漁村だ。

こぢんまりとした漁港の岸壁に「梶原国弘《かじわらくにひろ》之像」と刻まれた銅像が立っている。

この梶原国弘という人こそ、工藤会系の組幹部らに殺害された元漁協組合長だ。工藤会トップ裁判のなかで扱われている唯一の殺人事件の被害者ということだ。

巨額の漁業補償と2件の殺人事件

梶原氏は、地元で水産、建設、土木業などに携わる上野《うえの》家で13人きょうだいの三男として生まれ、祖父の養子となり梶原姓を名乗った。

暴力団・山口組の傘下組織、梶原組の組長だった時期もあるが、抗争事件で検挙されたことから組を解散し、港湾関係の仕事に従事するようになっていた。

この一族は、水産、建設、土木など30ほどの会社を経営しており、響灘の港湾開発に多大な影響力をもっていた。

なかでも存在として大きかったのが梶原氏と九男の上野忠義《ただよし》氏である。二人はどちらも脇之浦漁協（現、北九州市漁協脇之浦地区）の組合長を務めている。

梶原氏が殺害されたのは１９９８年で、その15年後になる２０１３年には上野氏までもが銃で撃たれて殺されてしまう。

上野氏殺害事件の容疑者は現時点ではまだ検挙されていない。15年という時間を空けて実の兄弟が殺されている事実が響灘の利権の特殊性を物語る。

非業の死を遂げた二人は、どのような人物だったのか。

地元関係者によると、梶原氏は組を解散したあと、砂利の販売などを行う会社を経営し、その後、脇之浦漁協の組合長に就任した。

この頃の響灘では、ハブポート構想に先立ち、白島《しらしま》国家石油備蓄基地の建設計画が持ち上がっていた。第1次オイルショックを教訓とした国家プロジェクトとして1978年に計画され、1997年の操業開始にこぎ着けている。

総事業費が4000億円を超える巨大公共事業だった。

梶原氏は脇之浦漁協組合長の立場で、基地建設に伴う漁業補償交渉を取りまとめた。途中、1982年には、漁業補償を巡る証人威迫と業務上横領の容疑で逮捕され、組合長の職を辞任したが、その後も一貫して強い影響力をもっていた。

梶原氏が凶弾に倒れたあと、市漁協組合長として地元の漁師らを取りまとめてきたのが上野氏だ。

港湾開発に長く携わった北九州市職員OBは「港湾開発や埋め立てに何度も携わってき

た経緯があり、スムーズに話を進めやすかった。あうんの呼吸で事業が進みました」と当時を振り返る。

それを物語るエピソードがある。

北九州市が総事業費192億円をかけた廃棄物処理に伴う埋め立て事業は当初、市北部の門司《もじ》区沖の周防灘《すおう》を候補地としており、2005年に関係漁協と協議を始めた。だが、漁業者から漁への影響などで批判が相次ぎ、協議はまとまらずに5年後に頓挫《とんざ》した。そこで浮上したのが若松区沖の響灘である。門司では134回協議しても意見の一致を見なかったが、若松では2回で受け入れが決まったのだ。

市内の建設会社社長に聞くと、「響灘での開発工事に関しては、まず漁協幹部に挨拶に行くのが常識だった」と話す。

漁協の存在を軽視していては開発は進められない実情が察せられる。

上野氏は1992年頃まで港湾土木工事などを担う会社の代表取締役に就いていた。ハブポート構想が進んでいたなかでは脇之浦漁協の専務理事になったほか、地元の10漁協で構成された「漁業補償交渉委員会」の委員長として同市の補償交渉にも携わっている。

漁業補償によって集落は潤った。

白島国家石油備蓄基地では48億円、ひびきコンテナターミナルでは74億円の漁業補償費が地元漁協に支払われている。

地元の漁師たちの口からは、いまでも梶原、上野両氏への感謝の言葉が聞かれる。

高齢の漁師のなかには、「梶原さんたちがうまくまとめてくれたおかげで家を建てられました」と、声をひそめて打ち明けてくれた人もいたほどだ。

工藤連合草野一家との距離

捜査関係者によると、梶原氏は、工藤会の草野高明総裁が1991年4月に死去するまで親密な交際を続けていたという。

トップ裁判の公判に出廷した工藤会関係者は、梶原氏と草野総裁は「兄弟分のように付き合っていた」と証言している。頻繁にゴルフをしていて、どちらかが入院すればすぐに見舞いに行く間柄だったようだ。

そのためなのか、梶原氏のもとには、まだトップにまでは上りつめていなかった頃の野村被告から中元や歳暮が届けられていたという話も聞かれている。

状況が一転したのは草野総裁が死去した翌年だ。

一族が関わる複数の企業が暴力団との密接交際を理由に県から指名停止処分を受けると、それを契機に梶原氏は、工藤連合草野一家と距離を置くようになったのだ。

以降、関連会社などへの脅迫や銃弾が撃ち込まれる事件が相次いだ。

梶原氏射殺事件はそんな中で起こったのである。

若者たちでごった返した中での銃撃事件

1998年2月18日、午後7時頃。小倉の歓楽街に5発の銃声が鳴り響いた。近くのラジオ局で人気ロックバンドの公開収録が行われていたため、若者たちでごった返した中のことだ。

梶原氏は、北九州市小倉北区古船場《ふるせんば》町にある馴染《なじ》みのクラブに行くため、知人が運転する車で店の前に乗りつけたところだった。

梶原氏が後部座席から降りた直後に、マスク姿の二人の男が駆け寄ってきた。梶原氏が身構える間もなく銃声が周囲の空気をつんざいた。

次の瞬間には、梶原氏はその場に倒れ込んでいた。

梶原氏と一緒にいた知人は、二人のうち背が低いほうの男の手の辺りから煙のようなものが立ち上っているのを見ていたという。このとき回転式拳銃で5発の銃弾が発射され、うち4発が梶原氏の左胸や頭に命中していた。

二人組の男は、すぐさま近くに止めていた白っぽい乗用車に乗り込んで逃走している。梶原氏の知人はクラブに駆け込み、１１０番通報を頼んだ。

犯行は一瞬のことだったが、多くの人が集まっていたなかで突然起きた銃撃事件である。多量の血を流した梶原氏は救急搬送された病院で息を引き取っているが、事件直後からこの場が騒然となっていたのはいうまでもない。

耳をつんざくような悲鳴もあがっていた。

そういう中にあっても冷静な人もいた。ラジオ局の公開収録を見に来ていた姉妹もそうだった。銃撃の瞬間を目撃した彼女たちは、すぐそばの店の陰に隠れながら逃走する車のナンバーを懸命に覚えた。その番号は警察官に伝えられている。

西日本新聞では現地版のトップ記事（1998年2月20日朝刊）でこの事件を報じた。「背後に利権トラブル？」という見出しを付けて、響灘環黄海圏ハブポート整備事業絡みの利権トラブルの影がちらついていることも指摘した。

記事には次のように書いている。

「補償交渉中の昨年9月、漁協側の交渉委員長や、港湾工事業者の自宅への銃撃事件が発生。さらに、交渉委員長の親類宅近くで暴力団組員が短銃を隠し持っていたとして逮捕されるなどしている」

「銃撃で死亡した梶原さんは、今回、補償金の約6割が配分された脇之浦漁協の元組合長だが、地元では現在も強い影響力を持っているといわれていた」

実行役の男は無期懲役、見届け役の組長は懲役20年。だが……

福岡県警は、当初から工藤会による計画的犯行とみて捜査を進めた。事件翌日には小倉北区内の7か所を別の銃刀法違反容疑などで家宅捜索している。

車のナンバーなど有力な目撃情報も数多くあったので犯人の早期逮捕が期待されたが、思いのほか捜査は難航した。

捜査が大きく進展したのは、事件から4年が過ぎた２００２年6月になる。福岡県警は、当時工藤会系田中組ナンバー2だった田上不美夫被告と、工藤会系組長ら計4人を殺人容疑などで逮捕したのだ。田上被告が指示役で、組長が見届け役、他の二人は実行犯という位置付けだった。

逮捕された全員が容疑を否認している。

目撃情報や車のナンバーなどから、田上被告以外の3人の起訴にはこぎ着けたものの、田上被告は処分保留で釈放され、のちに不起訴となっている。このことについて福岡地検小倉支部は「犯行現場にいないなど、共謀関係を認める証拠が不十分」と説明した。

２００６年5月、福岡地裁は実行役の男に無期懲役、見届け役の組長には懲役20年の判決を言い渡している。

だが、もう一人の実行役とみられた組幹部は無罪となった。

「検察官が主張する間接事実から犯人と特定することが困難」、「実行役を果たしたとまで推認することはできない」との説明だった。

福岡地検小倉支部は無罪の組幹部については控訴を断念し、判決は確定した。

「結局、立件できたのは実行役と見届け役だけだ。最低限の成果でしかなく、県警にとっては勝利とはいえなかった」

この捜査に携わっていた県警ＯＢは悔しそうに振り返る。

当初は田上被告、さらにその先に野村被告の立件までを見据えていたのに、十分な証拠を集めることができなかったのだ。

「工藤会への恐怖心からか、関係者などからの証言はほとんど得られなかった」と、このＯＢは唇を噛《か》む。

警察と検察にとっては大きな失点だった。

「わかっているだろうな」という言葉の意味

梶原氏や上野氏らの一族と、工藤会とのあいだにはいったい何があったのか？

少し話を先に進めれば、この事件のおよその枠組みは、野村、田上両被告のトップ裁判の中で明らかになっている。

２０１９年11月。福岡地裁で開かれた第５回、第６回公判には、梶原氏の遺族がビデオリンク方式で出廷している。

そこでの証言は生々しいものだった。

梶原氏が射殺される１年前、工藤会系の組幹部から呼び出され、車の中で次のように言われたのだという。

「いよいよ脇之浦で大きな仕事が始まる。お前と親族がターゲットになっている。わかっているだろうな」

大きな仕事というのは、響灘ハブポートのことだとはすぐに察しがついた。構想が公表されていて、巨額の利権が生まれることになるのは予想がついていたからだ。

「わかっているだろうな」というのは、自分たちと足並みを揃えて、利権を回せ、ということにほかならない。

梶原氏の四十九日が終わったあとには、田上被告から電話もあったと証言した。

「20年、30年と警察とやっていくつもりか。オモテを歩けるようにせんといけん。（上野）忠義と二人でよく話し合って連絡してほしい」

自分たちとやっていくのか、警察を頼るのか。

オモテを歩けるようになるための選択をすべきだと言っているのだから、脅しというしかない言葉だった。


2021年1月14日、福岡地裁で開かれた論告求刑公判で検察は、この事件の性格を次のように話している。

「利権交際を拒絶する被害者一族を屈服させ、意のままにすることを目的に（梶原氏射殺事件は）実行され、野村、田上両被告が意思決定に深く関わっていたと推認される」

もちろん、野村、田上両被告はこれを完全に否定している。

弁護団にしても、「検察官の主張は妄想に過ぎない」という言い方をしていたが……。

結果的に福岡地裁は、検察側の主張を全面的に受け入れた判決を出すことになる。それが序章に記した2021年8月24日のことだ。

〝終わった事件〟なのか……？

時間を戻せば、梶原氏射殺事件で実行犯たちに対する判決が出された2006年前後からは、大手ゼネコンや地元の建設会社幹部らを標的とした事件が相次いでいた。

前章でも記した事件のほかに、2008年には大手ゼネコンの大林組の従業員らが乗った乗用車が銃撃される事件や建設会社社長が駐車場で銃撃される事件などが起きている。

また2010年4月に全国で初めて福岡県で罰則付きの「暴力団排除条例」が施行されると、事態はエスカレートした。

この後は、飲食店関係者らを標的とする襲撃事件が続発したのだ。

狙われたのは、暴力団との関係を断ち切ろうとした人たちだった。

あまりに事件が続いていくため、警察はそれらの捜査に忙殺されていくことになる。

そういう混乱の中にあり、梶原氏射殺事件については、警察内部においても〝終わった事件〟のようになってしまう。控訴を断念して判決が確定していた事件なのだから、ある意味、仕方がないことではあるのかもしれない。

だが……。我々は15年という時間を空けて、響灘の利権を狙う者たちの欲望が少しも冷めずにいたのを知ることになる。

思いもよらないタイミングで惨劇が繰り返されてしまうのだ。

そして、この事件が工藤会壊滅作戦を始めるきっかけとなるのである。

3章　続発する市民襲撃

「暴力団排除条例」の是非

暴力団排除を進めようとする福岡県が、その切り札にしようとしたのが2010年4月に施行した「暴力団排除条例」だ。だが、結果としてはこの条例施行後に暴力団の関与が疑われる事件がさらに続発することになってしまう。

この時期の福岡県で何が起きたのかについて、暴力団のシノギの実態を紐解《ひもと》きながら振り返っておきたい——。

いまでこそ全国の自治体で同様の暴排条例が施行されているが、当時はまだ、暴力団の事務所開設防止や暴追運動の支援などを定めた条例がいくつかの自治体で導入されはじめたばかりの頃だった。福岡県はここで全国で初めて、違反者に対する罰則規定を盛り込んだ条例を施行している。

この暴排条例では、公共事業の下請け参入の依頼で金を支払うなど、事業者が暴力団を利用する目的で利益供与をした場合、1年以下の懲役か50万円以下の罰金を科すと規定された。暴力団を利用する目的がなくても、みかじめ料の支払いなど、暴力団に協力する目的で利益供与を行った場合、県公安委員会が事業者に是正を勧告する。従わなければ、事業者名を公表することも定められていた。

要するに「暴力団との密接交際を続ける事業者は、罰則や社名公表をもって断ずる」ということだ。組員の活動を法で縛る暴力団対策法と違い、福岡県の暴排条例は市民や事業者側を強く規制して、暴力団との事業取引を断つことで、暴力団への資金流入を防ぐ狙いがあったといえる。

これには当時、一部の識者やジャーナリストから「暴力団員＝犯罪者という決めつけありきの条例で、人権侵害ではないか」、「市民を矢面に立たせるべきではない」などとの批判の声もあがった。

暴力団からの恐怖にさらされている市民側にすれば、組員との関係を断つのはそう簡単なことではない。それにもかかわらず、罰則付きで強制的に遮断しようとする暴排条例が出されたことで困惑する人も多かったのは事実だ。

福岡県と県警には、なりふり構っていられなかった事情もある。

暴排条例の第1条には、制定の目的が次のように記されている。

「この条例は、暴力団が県民の生活や社会経済活動に介入し、暴力及びこれを背景とした資金獲得活動によって県民等に多大な脅威を与えている福岡県の現状にかんがみ、(中略)暴力団の排除を推進し、もって県民の安全で平穏な生活を確保し、及び福岡県における社会経済活動の健全な発展に寄与することを目的とする」

条例の中で暴力団が「多大な脅威」になっていることを明記せざるを得ないほど、当時の福岡県は治安が悪化していたということだ。

警察庁によると、福岡県内で発生した発砲事件数は2004年が20件(全国は104件)。2005年が8件(同76件)、2006年が12件(同53件)、2007年が15件(同65件)、2008年が13件(同42件)。5年連続で全国最多を記録しており、福岡県や県警では危機感が高まっていたのである。

「現場対策費」という名のみかじめ料

この頃、県内で発生していた発砲事件は、大きく2つに分類された。

ひとつは、福岡県南部を拠点とする指定暴力団・道仁会と、同会幹部らが脱会して結成した指定暴力団・九州誠道会（現、浪川会）による内部抗争の激化から起きている事件。もうひとつが、北九州市を中心に起きていた建設業界を標的とする〝壁撃ち〟である。壁撃ちとは、相手を威嚇するため家や事業所などに対して発砲する行為のことだ。北九州市では建設業界を狙う壁撃ちが相次いでいたのだ。

いったいなぜか？

後に立件された事件や関係者の証言からは、背景に工藤会がシノギ（資金源）としていた「みかじめ料」があることが垣間見《かいまみ》える。

みかじめ料というと、飲食店や風俗店、パチンコ店などに要求する用心棒代、ショバ代（場所代）がまず思い浮かぶ。組員が地域に深く根を張る工藤会においても、これらのみかじめ料が大きな収入源になっていたのはちがいない。

加えて、工藤会の場合は建設業者も主要なターゲットになっていた。

建設業者からみかじめ料を得る手法はさまざまである。

たとえば、大手ゼネコンが受注した工事には、工藤会と関係の近いフロント企業を下請けや孫請けに入れて「地元対策費」、「現場対策費」などといった名目でみかじめ料を受け取るような方法がとられる。組員が架空のペーパー会社を使って〝カラの工事費用〟をつくるケースもあったようだ。

そうした手法がとられていたことは、工藤会関係者や地元業者などへの取材を通して明らかになっている。

野村被告の脱税事件の公判では「(建設工事のみかじめ料は)1次下請けの場合、受注額の1%をめどに決める」、「地元の同業者5~7社を取りまとめ、年間3000万~4000万円を『現場対策費』として工藤会に支払っていた」といった証言も聞かれている。

福岡県警の捜査資料によると、1980年代頃までは傘下組長がそれぞれの縄張り内の大型建設工事に介入し、業者からみかじめ料を徴収していた。

金額は工事費用の0・数%など「比較的少額だった模様」とされているが、1990年代に入ると、事情が変わってきた。

受注額に対して「建築1%、土木1・5~2%、解体5%」などと、みかじめ料の相場が上がっていったのだ。

この背景としては、工藤会と近しい関係にある者たちが、建設業界において大きな影響力をもつグループを形成していったことが大きい。公式の名称ではないが、県警や地元業界のあいだでは「八社会」と呼ばれている。

八社会は、自分たちの息のかかった会社をゼネコンの下請けや孫請けに潜り込ませるなどして、次々と大型工事に介入していったのだ。

八社会の企業から仕事を受注していた地場企業は、言われるまま工事現場で働く作業員の数を水増しして、その一部を八社会側に納めるようなケースもあった。

我々の取材に応じてくれた建設会社代表は次のようにも打ち明けてくれている。

「工藤会に近いほど、その〝怖さ〟で仕事を得られるようになっていた。大きな工事はほとんど八社会の息がかかっており、関係を築きたい地場業者は少なくなかったんです」

こうした言葉からも、工藤会との関係を断ち切って建設業界で仕事をしていくことがいかに難しかったかが察せられる。

壁撃ちから〝対人〟銃撃へ

県警もただ手をこまねいていたわけではない。

2000年代に入ると、八社会の構成企業や関係する地元業者を建設業法違反などの疑いで集中的に取り締まった。

行政機関も連携して指名停止処分を行い、徹底的に地元工事から排除もしている。大手ゼネコンも、コンプライアンス強化の一環として暴排対策の見直しを進めたが、その頃から北九州市や近隣自治体では、大手ゼネコンや下請けの地場企業の事務所や車などへの銃撃や放火が増えていったのだ。

工藤会としては、関係が近かった業者や市民との関係が次々に遮断されていく状況を見過ごしているわけにはいかなかったのだろう。長く〝金脈〟としてきた建設業界から排除されることは死活問題だったにちがいない。

2010年に暴力団排除条例が施行されてからは、壁撃ちにとどまらず、人を直接狙う襲撃事件が増えていくことになる。

1章で記した建設会社役員が射殺された事件などもそうだ（2011年）。この役員は型枠工事の会社を営んでいて、大手ゼネコンからの仕事を下請け業者に割り振るなどしており、地元では業界のリーダー的な存在になっていた。暴排運動にも熱心に取り組んでおり、多くの業者から頼られていた人物だった。

翌年1月には北九州市に隣接する福岡県中間市で、建設会社社長の男性（当時52歳）が会社前で右腕と腹部を撃たれて、全治約3か月の重傷を負った。

この男性の会社もまた、大手ゼネコンの下請け業者として土木工事を受注して、地場の2次下請けに仕事を割り振ることなどがあった。そのため、ゼネコン側からは「協力会社」とみなされ、地元では「名義人」と呼ばれていた。暴排活動にも力を入れていたためか、7年前の2005年にも自宅を壁撃ちされていた。

2つの事件では、ともに工藤会系組幹部らが逮捕、起訴されたが、中間市の銃撃事件では組幹部らの無罪が確定している。

暴追運動に取り組む建設業関係者が襲われたこの2つの事件は、北九州の建設業界に大きな衝撃を与え、動揺をもたらした。

工藤会担当の元警部が銃撃された！

そういう状況下にあり、暴力団排除条例や建設業界とは直接関係がない事件までも起きてしまう。それも、全国の警察組織に対する挑戦ともいえる事件だ。

２０１２年４月19日の朝、閑静な住宅街が広がる北九州市小倉南区でのことだった。職場へ向かおうと歩いていた男性のほうへとバイクが向かってきたかと思うと、すれ違いざまに銃を撃ってきたのだ。バイクはすぐに走り去っている。

銃弾は３発。そのうち２発が太ももと腰を撃ち抜き、男性はその場で倒れた。全治１か月の重傷だった。命に別状はなかったものの、銃撃犯に殺意がなかったのかはわからない。

撃たれた男性は30年以上、工藤会捜査に従事していて、この事件の１年前に定年退職していた元福岡県警警部だ。最後の役職は、工藤会を専門的に捜査する「北九州地区暴力団犯罪捜査課」の特別捜査班長だった。

この元警部は、組員などから組織内の情報を得る能力が高く、工藤会トップの野村被告やナンバー２の田上被告とも、電話でやり取りできる関係を築いていた。

工藤会との貴重なパイプ役として、県警内でも重宝されていた人物だった。

退職後は北九州市内の病院に再就職していたが、その後、この元警部の自宅周辺で不審な車が目撃されていたことから、県警の「保護対象者」になっていた。

事件直前にも、自宅付近で幹部組員が目撃されていたことがのちに判明している。元警部は明らかに工藤会の標的になっていたのだ。

最後になって悪いもん残したな

この事件にはいくつか伏線があった。

取材成果や裁判資料をもとに紐解いていく。

２００９年、まだ現役だった元警部は内部情報を得る目的で、福岡県外で一人の元工藤会系組員と接触した。

元組員は事件を起こして服役し、組織から追放されていた。

「組のためにやったことなのに、おまえもつらかったな」などと、同情を寄せるように１時間以上、語り続けていたそうだ。

その会話のなかでは野村被告を呼び捨てにして「（野村被告らが）収入を独り占めにしている」などと批判的な言葉も口にしていた。

このやり取りを元組員はひそかに録音しており、野村被告に知らせた。そのことがこの事件を起こす最も大きな要因になったものと考えられる。

後日、元警部がゴルフ場や再就職先の病院で野村被告と出くわした際には「最後になって悪いもん残したな」、「信用しとったのにつまらん」といった言葉をかけられた。

また、翌2010年に田上被告の家宅捜索をしたあとには、「家をめちゃくちゃにしてくれたな」という抗議も受けていた。

このような諍《いさか》いが積み重なって襲撃されたのだと、元警部の証言を元に、検察側は公判で主張している。野村被告は公判で、こうしたやり取り自体を否定しているのだが。

警察組織vs暴力団

元警部に対する銃撃事件は、警察組織としては見逃せない問題になっていた。

松原仁《まつばらじん》国家公安委員長（当時）は事件2日後に現場を視察し、「法治国家への重大な挑戦で断じて許せない。必要な支援は全国の警察に求めていきたい」と強調した。

その後、他県から数百人規模の機動隊員が北九州市に派遣され、組事務所や現場周辺などの警戒活動に投入されている。

一方で、工藤会の側は〝反警察〟の態度を強めていった。組事務所への「ガサ入れ」（家宅捜索）などにも応じようとしなくなったのだ。延々と怒鳴り合いが続くことも少なくなかった。

組員への職務質問があると、組員が録画して、その様子を動画投稿サイトに公開することもあった。その動画は「工藤会対福岡県警」などと題されていた。派遣された機動隊員を追い回し、「東京に帰れ！」と連日騒ぎ立てる組員もいたのだから、あきれた事態になっていた。

当時、工藤会理事長代行で、スポークスマンの役割を果たしていた木村博《きむらひろし》受刑者（殺人罪などで無期懲役となり服役中）は、新聞やテレビで県警の捜査を徹底的に批判した。

２０１２年の改正暴力団対策法で工藤会が「特定危険指定暴力団」に指定されたあとには、県を相手に指定取り消しを求めて提訴もしている。

翌２０１３年に木村受刑者は、雑誌の取材に対して次のように答えていた。

「われわれは警察がまっとうな組織とは思っていない。（中略）たとえ勝てずとも、司法の場においても徹底的に闘うつもりだ」

あくまでも一筋縄ではいかないのが工藤会という組織である。

工藤会と〝夜の街〟との関係

2012年8月にも福岡県は、ある取り組みをスタートしている。改正暴力団排除条例にもとづく「標章制度」である。

北九州を含む県内5市の繁華街を「暴力団排除特別強化地域」に指定して、飲食店には「暴力団員立入禁止」のステッカーを掲示してもらう。

組員が無視して入店すれば、県公安委員会が中止命令を出す。従わない場合は50万円以下の罰金を科す、という仕組みだった。

県警の狙いは主に2つあった。

ひとつは、暴力団が繁華街のスナックや飲食店から得ているみかじめ料の遮断。そしてもうひとつは市民の暴排機運を高めることだ。

みかじめ料については、これまで実態が見えにくいところもあったが、取材を通して見えてきた部分もある。

北九州では、都心部の小倉（小倉北区）と第2都心の黒崎《くろさき》（八幡西区《にし》）の歓楽街から得られるみかじめ料が、工藤会の主なシノギ（資金源）となっている。

数年前に組織を離脱した元組員は、そうした場所を中心として30店舗近くからみかじめ料を徴収することを任せられていたという。

金額に明確な基準はないものの、店の立地条件や大きさ、客の人数などから大まかに毎月5万円、10万円、20万円といったクラスに分類していたそうだ。

徴収したみかじめ料の一部を組に納めていたが、元組員自身も月１００万円近い収入を得ていたと打ち明けている。


みかじめ料を納める店側にとって工藤会のような暴力団の存在はひたすら迷惑なのかといえば、一概にそうとは言い切れない。

恐怖心からみかじめ料を納めている店が多くても、すべての店がそうだというわけではないのである。いわゆるシンパとして組関係者と近しい関係性を築いている店もそれなりに存在していた。

あるスナックのママは月10万円のみかじめ料を店を訪れる組員に直接手渡していたとい

うことを我々に話してくれた。その組員が所属する工藤会系2次団体の幹部と子供の頃から近所付き合いがあり、「県外から来たタチの悪い酔客とのトラブルを解決してもらったこともある」のだそうだ。

野村被告も何度か店を訪れていたので、接客したこともあったという。組員を大勢引き連れて店のいちばん奥の席に座ると、「こいつらに好きなもの飲ませてやって」と、テーブルにポンとお金を置くこともあったのだという。

このママは「みかじめ料を払うのに、罪悪感を抱いたことはない」とも言っていた。

ほかにも、おしぼりや観葉植物のリース代として工藤会の関連会社に一定金額を納めたり、年末年始に数の子やしめ縄などを組関係者から法外な値段で買い取ったりするかたちで、みかじめ料を支払う店もあった。

「組員も常連のように飲みに来てくれるし、何かあったときも守ってもらえる安心感があった」と話すバー店主もいた。

ママやバー店主のように工藤会と持ちつ持たれつの関係を築いてきた人は、夜の街では少なくなかったというのが実態といえる。

県警としては、標章制度によって両者の関係を遮断して、工藤会に流れるみかじめ料を断ちたかったわけだが、そもそも簡単なことではなかったということだ。

市民vs工藤会

もうひとつの狙いが暴排機運を高めることにあったわけだが、実はこの頃、北九州市ではその土壌ができつつあった。

そのことがわかるひとつのエピソードがある。

工藤会の事務所撤去を巡る官民一体となった暴排運動があったのだ。

県暴力団排除条例施行直前の２０１０年１月頃、のどかな住宅や緑地が広がる同市小倉南区の郊外に立つ洋館を工藤会が購入した。

３月に「四代目工藤会　長野会館」と書かれた木製の看板が掲げられ、組員が出入りを始めたのである。

この会館の目の前には幼稚園があり、近くには小学校もあった。会館前の道が通学路になっていたので、多くの子どもが問題の洋館前を通らざるを得ない状況だった。

住民として放置できるはずがなく、行政と市民が一体となり事務所の撤去を求めて暴追パレードを行った。

約500人の市民が集まり、会館に向かったのだから勇気ある行動だった。

工藤会側は80人ほどの幹部や組員がずらりと並んで待ち受け、威圧しようとしてきたが、そういう出方でくるのは予想されていたことだった。県警は最初から機動隊を出動させており、威圧行為をやめるようにと要請して、両者が対峙《たいじ》する一幕もあった。

その後も県警が警戒態勢をとっていたなかで小倉南区自治総連合会会長宅に6発の銃弾が撃ち込まれる事件が起きた。夜の11時過ぎのことで、1発の銃弾は、寝ていた家族の近くをかすめたというからきわどかった。


それでも市民たちは反対運動を続けた。

北橋健治北九州市長（当時）宛てに脅迫状が届くなどしても屈せず、約1800人が集まった再度の暴追パレードも行っている。

そうしておよそ1年をかけて事務所を撤去させることができたのである。

工藤会は医療法人に土地を売却し、その場所は老人ホームとして生まれ変わった。

この成功例があったことからも、標章制度によって暴排ムードをさらに高めていきたかったのではないかと想像される。

だが、この標章制度を始めたことが、裏目に出てしまう……。

警察を選ぶか、暴力団を選ぶかの〝踏み絵〟

標章制度がスタートしたあと、北九州市では、標章を掲示した店の経営者や従業員らを狙った切りつけ事件、入居するビルへの放火事件が続発してしまったのだ。

制度導入からの2か月間で、不審火が3件、切りつけ事件が4件あった。週に一度は誰かが襲われているくらいのペースだった。市内の飲食店約90店舗には「次はおまえだ」、「待ち伏せしているぞ」などの脅迫電話も相次いだ。

恐怖心からステッカーをはがす飲食店が続出し、標章掲示店は、２０１２年８月末時点で１１１４店だったのが、10か月後の２０１３年６月末には４分の１近くが減って８２８店にまで落ち込んだ。

西日本新聞北九州本社は、事件が頻発していた歓楽街の一角のビルに入居している（本社は福岡市にある)。夜中にパトカーや消防車のサイレンが鳴るたび、記者たちは現場に駆けつけた。

夜通しの取材になることも多かったものだ。

福岡県や県警の思惑とは裏はらに市民が矢面に立たされ、立て続けに襲撃される悲劇を生んでしまったのがこの標章制度だといえなくもない。

県警は次々と起きる市民襲撃事件の捜査に追われ、未解決事件が積み重なっていくばかりになっていった。

「警察は守ってくれない」

「標章は、警察を選ぶか、暴力団を選ぶかを迫る〝踏み絵〟のようだ」

市民のあいだでは、県警への不満や怒りが渦巻いていたのは否めなかった。

この街で誰が楽しく飲めるんやろうか

我々記者にとっては忘れられない出来事がある。

2013年の春にステッカーを掲示していたスナックを訪ねると、震える手でビール瓶を持つママが私たちのほうへと近づいてきたのだ。60代くらいだろうか。疲れきった顔をしていながらも、なんとか自分を奮い立たせようとしているようだったが、怯えた目をしていた。

「あんたたち、警察？　それとも……」

うわずる声で聞かれたので、慌てて記者だと答えた。

このママは、我々がもし暴力団員だったなら、ビール瓶で反撃するつもりだったのだと打ち明けてくれた。

それでどうなるものではなくても、自分で立ち向かっていくしかないところまできていたのだろう。心理的にもそれくらい追い込まれていたということだ。

客のいない店のカウンターでママはさびしげにこぼした。

「いつ事件が起きるかわからないのに、誰が楽しく飲めるんやろうか」

この頃、ネオンが明々と輝く繁華街では、酔客の姿はほとんど見られなくなっていた。

北九州市で仕事を終えた後、福岡市・中洲《なかす》まで出向いて酒を飲むビジネスマンも少なくなかった。小倉では組員風の男たちと、北九州市に派遣された全国の機動隊員の姿ばかりが目につくようになっていたのだ。

「悔しい」という文字は涙でにじんでいた

反警察に突き進む工藤会をさらに勢いづかせる出来事もあった。

2013年11月、福岡地裁小倉支部において、ある事件で殺人未遂罪などに問われていた工藤会系組幹部二人に無罪判決が言い渡されたのである。

審理されたのは前年1月の事件だ。福岡県中間市の建設会社支店前の路上で、その会社の社長がマスク姿の男に腹や腕を撃たれて、全治約3か月の重傷を負わされていたのだ。

この頃、建設業者が狙われるような発砲事件は20件を超えていた。そういう中にあり、この事件では初めて容疑者を検挙できていた。

それにもかかわらず、判決は無罪となったのだ。

判決が告げられた瞬間には、傍聴席にいた組員たちが立ち上がり、一斉に雄たけびをあげていた。

「オラァ」

「見たかあ！」

同じ傍聴席にいた我々記者も呆然《ぼうぜん》とするしかなかったが、有罪判決が出ることを信じていた捜査員らの失望は深かった。

表情をなくして、うつむきながら法廷をあとにしている。

この事件で県警は、組幹部宅のゴミ袋から銃弾の薬きょうを押収するなど、捜査を尽くしていたはずだった。しかし、検察側の証人として出廷予定だった被害者が直前になって取りやめてしまったのが大きかった。

検察側が有力な証拠とした薬きょうについても、裁判長には「事件以外で使われた可能性を排除できない」と判断された。

事件を担当した捜査員の一人は、このときの気持ちをノートに書き殴っていた。

「悔しい」

「ふざけるな」

「絶対に捕まえる。絶対だ」

その文字は涙でにじんでいた。

あの事件も終わっていなかった

この判決後も市民襲撃事件は続いた。

判決の1週間後には、北九州市小倉北区の建設会社社長が、自宅敷地内の駐車場で男に襲撃されている。刃物で右の頬や腕、太ももなど4か所以上を切りつけられて、重傷を負った。

男性の会社は、主に大手ゼネコンの下請け工事を担う地場中堅で、同社事務所の入り口には「暴力団排除宣言事業所」と書かれたのぼりが掲げられていた。

捜査関係者によると、過去には工藤会と近い関係にあったが、近年は関係を断っていたのだという。それに対する報復であり、脅しなのだろうか。

この事件の犯人はまだ摘発されていない。

県警では、工藤会の犯行とみて捜査を続けている。

さらにこの約1か月後となる2013年12月20日、再び銃撃事件が北九州市で起きてしまう。

一連の事件のなかにあっても、特別な意味をもつことになる事件である。

早朝、若松区畠田《はたけだ》の路上で胸などから血を流して男性が倒れていた。

通りかかった女性が見つけて通報したが、約2時間後に病院で死亡が確認された。

この男性が、北九州市漁協組合長の上野忠義さんだったのだ。

ここまでにも名前が出ている人物だが、15年前に凶弾に倒れた梶原国弘氏の実弟である。

梶原さんが無残に殺された事件は、実行犯の立件にとどまり、〝終わった事件〟になりかけていたが、15年という時間が経過していても、何も終わってはいなかった。

当事者たちのあいだには空白の時間すらなかったのかもしれない。

響灘の利権になんとかありつこうとする者たちは、どこまでも手を緩めなかったのである。

4章　壊滅作戦前夜

実直な漁協組合長が殺害された意味

２０１３年12月20日の朝、北九州市若松区畠田の路上で一人の男性が凶弾に倒れた。前章の結びにも記したが、撃たれたのは北九州市漁協組合長を務めていた上野忠義さん（当時70歳）だった。自宅近くのゴミ捨て場までゴミを捨てに行っていたところで、突然、背後から銃撃されたものとみられる。

胸や腹部、左腕に４発の銃弾が撃ち込まれていた。

クリスマスソングが聴こえてきてもおかしくない時期ではあったが、朝早い住宅地だ。静けさを破るように銃声が響いた。そのすぐあとに白っぽい軽自動車が猛スピードで現場から離れていくのを見た住民もいた。

事件が起きた約20分後、現場から８キロほど離れた空き地では、目撃された軽自動車と特徴の似た車が燃えているのもみつかっている。証拠隠滅だった可能性が高い。

こうしたことからいっても、用意周到に準備された計画的犯行と考えるのが妥当である。福岡県警では工藤会による組織的犯行だったとみて捜査をしているが、いまだ容疑者の摘発には至っていない。

梶原国弘氏の実弟である上野氏は、なぜ殺害されたのか？

上野氏が殺害される約5か月前、北九州市は「地域エネルギー拠点化推進事業」を発表していた。北九州市若松区に大規模火力発電所や風力発電施設などを集積していく計画で、事業規模は最大で５０００億円以上になると見込まれる一大プロジェクトだ。

前述したとおり、上野・梶原一族は土木業者や資材会社などを複数経営しており、地元港湾開発を一手に請け負っている。梶原氏亡きあと、地元漁協を牽引《けんいん》したのが梶原氏の遺族と上野氏だった。とくに上野氏は大型港湾工事がある際には、市漁協組合長として漁業補償交渉にあたっていたように強い影響力をもっていた。

もうひとつ事件のきっかけになったのではないかと考えられる件がある。

事件から2年近く前になる２０１２年1月に発売された写真週刊誌『フライデー』の記事だ。この号では「福岡暴排条例　最前線の『現実』」と題した特集が組まれており、そのなかで上野氏は写真付きで取材に応じていたのだ。

過去には上野氏宅の倉庫や梶原氏の息子の自宅に銃弾が撃ち込まれる被害に遭ったこと

を打ち明けて、こう話していた。

「暴力団の狙いは響灘の公共事業への参入にある」

「暴力団は私たち漁協の組合長が、公共事業の業者を決める権利を持っていると思い込んでいるようですが、そんな権限はありません。そこを、まったく理解していない」

具体的な暴力団名は出していなくても、工藤会を批判しているのは明らかだった。

15年前に梶原氏が殺害されたあと、上野氏は怖気《おじけ》づいてしまうのではなく、むしろ漁協や関連会社から暴力団を排除しようと腐心していたのだと関係者は口を揃える。

ある漁協幹部は「もともと山口組系の組長だった兄（梶原国弘氏）とは違い、上野さんは根がまじめで寡黙な人。派手に飲み歩くこともせず、組員や親交者とは距離をおいていた」とも話してくれた。

産業廃棄物の埋め立て事業で上野氏と漁業補償額の交渉にあたった経験がある北九州市の元幹部職員も、上野氏から暴力団の影を感じたことはないという。

「他の地区の漁協では組合員の意見を取りまとめるのに数年かかる事業でも、上野さんに頼めば数か月でめどが立った。かといって、過剰な要求や強引な取引をしたようなことは記憶になく、交渉役のカウンターパートとして頼りになる存在だった」

そんな上野さんが殺されてしまっても騒動は終わらなかった。

その後は梶原氏の家族がターゲットとなり、一家の周辺において凄惨《せいさん》な事件が繰り返されていく。

工藤会が絡んだ一連の事件のなかでも、上野氏射殺事件は特別な位置付けにあるといえる。この事件の約9か月後に福岡県警は「工藤会壊滅作戦」に着手しているが、それにしても、この事件があったことが大きなきっかけになっていたのだ。

もしかしたらこれ、いけるんちゃうか

「なんだ、これは……」

上野氏が殺害された翌日、福岡地検小倉支部長（当時）の天野《あまの》和生《かずお》氏は新聞をひらいて目を見張った。上野氏の事件の背景として、各紙が1998年に起きていた実兄・梶原氏の射殺事件を詳細に報じていたからだ。

実はこのときまで天野氏ら地検小倉支部では、2つの事件がリンクすることをまったく把握していなかったのだ。

梶原氏射殺事件が〝終わった事件〟になりかけていたからこそのことである。

天野氏はすぐさま、梶原氏射殺事件に関する実行犯らの判決文や公判資料をかき集めた。

読み進めていくうちに、ひとつの言葉が天野氏の目に留まった。

「見届け役」

というものだ。

梶原氏射殺事件に関与したとして殺人罪で実刑が確定した工藤会系組長二人のうち一人が、事件の見届け役として認定されていた。

殺人事件の現場を、誰のために見届けるのか？

当時の工藤会トップは溝下秀男総裁で、野村悟被告は工藤会全体で言えば、中枢幹部という位置づけだった。しかし同時に、野村被告は傘下組織「田中組」の組長も務めており、実行犯の一人は、この田中組に所属していたのだ。

見届け役は野村被告に報告するために現場にいたと見ることもできる。

天野氏はそこに着目したのである。

梶原さんの事件では、現工藤会ナンバー2である田上不美夫会長（当時は田中組幹部）が2002年に「指示役」として逮捕されていながら、不起訴処分となっていた。この段階では工藤会トップの立件を目指すことはあきらめていたわけだ。

だが、天野氏は違った。

「もしかしたらこれ、その上までいけるんちゃうか」

その可能性をはっきりと感じ取っていた。

天網恢恢疎にして漏らさず

天野氏が工藤会トップの立件も不可能なわけではないと考えた背景には、以前に担当した事件が深く関係していた。

天野氏はかつて大阪地検公判部に勤務していた。その頃にボディーガードが拳銃《けんじゅう》を所持していたとして、銃刀法違反（共同所持）の罪に問われた指定暴力団・山口組元最高幹部の公判を担当したことがあった。共謀を示す直接的な証拠はなかったにもかかわらず大阪地裁では有罪判決が出されたのだ（その後、被告の死亡により公訴棄却となった）。

また、天野氏の担当事件ではないが、上野さん射殺事件の少しあとになる２０１４年１月には大阪高裁で非常に大きな意味をもつ判決が出されていた。

神戸市内で山口組山健《やまけん》組組織の総長が殺害され（2007年5月）、同じ山健組傘下の組員たちが実行犯として逮捕されていた事件に関するものだ。このときも指示を出した容疑でこの組の会長が逮捕、起訴されたが、神戸地裁では「合理的な疑いが残る」として会長は無罪になっていた。

しかし検察が控訴すると、大阪高裁では、一審判決が破棄され、会長に対して懲役20年の有罪判決が下されたのである。

このときの判決理由は「会長の支配力が絶対的であることは経験則上明らか」であり、実行犯が会長の命令にもとづかず、「個人的な利害や怨恨等から殺害に及んだとは到底考えられない」というものだった。

たとえ直接的な証拠はなくても、「複数の組員らが組織的に犯行を準備、実行した場合は、組長の指揮命令に基づいて行われたと推認される」と裁判長が認めたのである。

この判例を当てはめれば、工藤会のトップもまた罪に問い直せるのではないかと天野氏は考えたのだ。

「天網恢恢《かいかい》疎にして漏らさず」という故事がある。

悪事を働きながら逃げられたと思っていても、天が張り巡らせる網は広いので、逃しはしない――。

そういう意味のいましめである。

これはいける！　そう確信した天野氏は、福岡県警幹部に連絡を取ることにした。

県警と検察が「工藤会壊滅作戦」に乗り出した瞬間！

天野氏から連絡を受けた県警北九州地区暴力団犯罪捜査課長（当時）の尾上芳信《おのうえよしのぶ》氏も、この頃やはり梶原氏射殺事件の判決文を読み込んでいた。

尾上氏は別の点に着目していた。この事件で裁判所が認定した検察側の証拠は、どれも関係者の供述や状況証拠ばかりだったが、重要な証言をしていた関係者たちはこの段階ですでに亡くなっていたのだ。そのことが大きな意味をもってくる。

もし生きていた場合、同じ関係者から再度、証言を得ることは難しい。工藤会への恐怖心がはたらくからだ。しかし、いちど証言した人が亡くなっている場合には、裁判官や検察官に話した「面前調書」の証拠能力が刑事訴訟法で認められている。

そこに気がついたからこそ、天野氏とコンタクトしたあと、興奮した口調で次のように確認している。

「支部長、これ、えらいことなんですけど、重要証言している関係者、全員亡くなってるんです」

天野氏は頷《うなず》き、尾上氏の本気度を確かめるように重い口調で聞いている。

「この事件、どう思う?」

その問いの真意を察したように尾上氏は力強く頷き返した。

「やれると思います」

工藤会を動かすトップ二人は絶対に逃さない!

その意志が確認された瞬間だった。

県警と検察はこのときから本気で「工藤会壊滅作戦」に乗り出していったのである。

過去に例が少ない、県警と検察のタッグ

天野氏が福岡地検小倉支部長に就いたのは2013年春のことだった。

凶悪事件が相次ぐ北九州市が管轄となったのだ。上司からは「血を流すポジションを用

意した」と言われ、その元凶である工藤会を〝審判〟することが使命なのだと肝に銘じた。

尾上氏が北九州地区暴力団犯罪捜査課長となったのも時期はそれほど変わらず、天野氏就任の1か月ほど前になる。

それまでは殺人や強盗などの強行犯捜査を専門とする「捜査1課」畑を歩んできた。暴力団捜査の経験がほとんどなかったにもかかわらず、警察の威信をかけた工藤会捜査の責任者に抜擢《ばってき》される異例の人事だった。

天野氏と尾上氏はともにイケイケの性格で、はたから見ればタイプが似ている。案の定、二人はすぐに意気投合したようだ。

ただこの頃、県警と検察の関係は、決して良好なものとはいえなかった。

未解決事件が積み重なっていたことで、互いに不信感をいだくようになっていたからだ。我々記者も、県警の捜査員からは「逮捕しても検察が食わない（起訴しない）」という不満を何度となく聞かされていた。一方で検察も、県警への不信感を募らせていた。捜査がなかなか進まない凶悪事件が積み重なってきていたこともあり、「県警は暴力団に関する情報を出さない」といった言葉を口にしていた。

そんな状況にあって天野氏と尾上氏は、県警と地検小倉支部の「合同捜査会議」を毎月開催するようにして意思疎通を図った。

最初の会議で二人は、2つの方向性を確認し合った。

ひとつは未解決事件の捜査の徹底だ。尾上氏は、立件の可能性がある重要未解決事件を13件、リストアップしていた。

「目標はとにかくアタマの二人（野村、田上両被告）。石に齧《かじ》りついてでも証拠を集める」

天野氏は福岡地検にかけ合い、これら13件の未解決事件の捜査指揮をすべて地検小倉支部で取れる体制を整えた。

もうひとつ確認したのは、小さな事件でも積極的に立件していき、組員を社会から隔離することで工藤会の勢力を削《そ》いでいくことだった。

「どんな事件でもいい。ひとつひとつ掘り起こして起訴していけば、流れが変わるかもしれない」

わずかでも可能性があるなら、なんでもやっていく。そこまでの覚悟を決めていたからこそ踏み出すことができたのが工藤会壊滅作戦だったのだ。

お宝が出ました！

天野氏は、微罪であっても必ず起訴に持ち込むことを県警捜査員に約束していた。当たり前のことながら検察と警察は別組織であり、検察は警察の捜査で得た証拠を元に起訴、不起訴を判断するのが原理原則となる。天野氏と尾上氏がやろうとしていたことはそこに反するともいえなくはない。

〝起訴ありき〟で検察と警察が連動して捜査に動くことに対しては、工藤会側や一部弁護士からは非難もされていた。

だが天野氏は意に介さなかった。

「敵（工藤会）はすぐ傍にいて、犯罪でもなんでも好き勝手やっているが、こっちには法と証拠しか武器がない。目の前で暴れ回るヤツラがとにかく我慢ならんかった」

天野氏はそういうことを口にしていた。許せない相手にはとことん立ち向かっていく気質がそのまま出ている言葉だ。

警察側も気持ちは同じだった。

従来の暴力団捜査では、内部情報を入手するため、組員との付き合いをある程度容認したり、暴力団側が反発するような捜査を避けるようにしたりする面もあった。だが、捜査1課出身の尾上氏は違った。馴《な》れ合いになることは許さず、容疑が固まった段階で先行して家宅捜索に入り、資料を押収するように命じたのだ。

この方針が当たった。

組員が抵抗するなか、隠れ事務所とみられるマンションの一室を捜索して、金庫をバールでこじ開けたこともあった。金庫の中には資金の流れなど組織運営の実態を示す資料が入っていたのだ。

お手柄の捜査員は、声を弾ませて「お宝が出ました!」と報告した。

こうした捜査が進められていくなかで、いがみ合っていた警察、検察の歯車が嚙み合うようになり、工藤会捜査は着実に前進していったのである。

犯行準備を示唆する隠語

13件あった重要未解決事件のうち、天野、尾上両氏は、ひとつの事件にターゲットを絞った。

２０１３年１月、福岡市博多《はかた》区で帰宅中の女性が何者かに刃物で刺される事件があった。工藤会が拠点を構える北九州市から離れた福岡市で起きたものだ。

事件発生当時、被害者の女性と工藤会との接点は見えてこなかった。にもかかわらず、県警は工藤会による犯行とみて捜査を進めていた。

それには裏付けがあった。

当時、工藤会組員が使用する携帯電話を割り出して、組員のあいだのやり取りを聞き出す「通信傍受捜査」を試みており、そこで引っかかってきていたのだ。

この捜査のもともとの狙いは、元警部銃撃事件に関する情報収集だった。だが、この女性が襲われる直前に、新たな事件を企てているのではないかと疑われるやり取りが傍受されていたのである。

東京の通信会社の一室でのことだ。

傍受実施班の捜査員らは、通信会社の社員立ち会いのもとでヘッドホンをして耳をそばだてていた。元警部銃撃事件に関与した疑いがある組員が、証拠隠滅を図るやり取りをするのではないかと考えられたことから通話を聞いていたのだ。

「あれがいるのお、1個。名義のないやつが」

そんな言葉がつぶやかれた。

他人名義の携帯電話を準備しようとしているのではないかと推察された。

暴力団の関係者が好んで使う隠語も飛び交っていった。犯行や逃走に使う車、バイクなどを意味するとされる「マシン」、犯行の達成度を意味するとみられる「腹九分」などがそうだ。

そうした会話の中で「何時何分発」、「マフラーをした女」といった言葉が聞かれた。女性を尾行しているのではないかと推測されて、捜査員のあいだに緊張がはしった。

なんとか防ぐことはできないか。

そういう思いで捜査を進めているなかで、帰宅中の女性が路上で突然、刃物で切りつけられる事件が起きてしまったのだ。

女性は当時45歳の看護師で、頭部や首が切られる重傷を負った。

「……この事件じゃないのか！」

捜査員らはそこに気づいたのだ。

野村被告の〝背中〟が見えてきた

捜査を進めるとすぐ、被害者女性の勤務先であるクリニックで野村被告が下腹部の手術と脱毛施術を受けていたことが判明した。

当初は口が重かったクリニック関係者も、治療をめぐって野村被告と女性のあいだにトラブルがあったことを打ち明けている。

のちの裁判で、野村被告もその点は認めている。

施術中に野村被告が体をぴくりと反応させると、看護師から「あら、野村さんでも痛いんですか。入れ墨に比べたら痛くないでしょ」と言われることがあったそうなのだ。そのときには「ちょっとカチンときた」とも供述している。しかし、看護師を襲うように指示したことはなく、「(自分が)愚痴ったことが組員に伝わって、変なふうになったんかなとも考えられます」と弁明している。

事件の背景がわかっていくのはのちのことだが、野村被告と看護師のあいだでトラブルがあったというだけでも、この事件の性格は容易に推測される。工藤会の関係者がこの看護師を襲う動機は、ほかにみつけようがなかったからだ。

この事件に野村被告が関与していることが疑われたことは、野村、田上両トップの摘発を狙う工藤会捜査にとっては大きな意味をもっていた。


その後、県警は現場近くの防犯カメラの映像解析などを重ねて、女性のあとをつけていた組員や、事件当時、現場周辺にいた人物を突き止めた。

やがて実行犯は逮捕される。

事件前の録音については、元警部銃撃事件の捜査のために通信傍受を実施していたものであるため、当初は看護師刺傷事件の証拠としては扱えなかったが、約1年後に証拠として利用できる許可が裁判所から出された。

こうした経過があって、この事件は結果的に、工藤会トップ裁判で扱われる2つめの事件になるのである。

立件する事件がひとつしかないか2つ以上あるかではまったく違ってくる。工藤会壊滅作戦では、野村被告を「可能な限り極刑、最低でも無期懲役に持ち込む」ことを至上命令に掲げていたからだ。死刑適用の基準として知られる「永山基準」を考えても、立件する事件がひとつだけでは刑が軽くなりやすいのは明らかだった。

「秋に、工藤会幹部を一斉にやるから」

「いけるぞ」

比較的早い段階で、天野、尾上両氏は工藤会捜査に確かな手応えを感じていたようだ。だが、福岡地検の上位組織に当たる福岡高検は慎重な姿勢を崩さず、さらなる証拠固めを命じてきた。

そんなところで大きな動きがあった。

天野氏の昇任に伴う長崎地検検事正への異動である。

天野氏は当時の心境をこう振り返る。

「タイミングとして当然といえば当然の異動だったんだけど、工藤会捜査しか頭になかったから青天の霹靂《へきれき》だった。〝断ればどうなるんやろ。検事正（への昇任）やしな〟って2つの考えがぐるぐる回ってました」

悩ましい事情があったからといって異動を拒めるはずはなく、天野氏は小倉支部を去っている。2014年4月のことだ。

もちろん、それまでにやってきていたことを投げ出したわけではない。

置き土産として、工藤会捜査に携わっていた検察官らで組織した「工藤会捜査専従班」を小倉支部内に設置。尾上氏とのあいだでは、野村被告を未解決事件で摘発する際には、証拠が固い梶原氏の射殺事件に最初に着手し、次に看護師刺傷事件を立件するようにと申し合わせた。後任となる原島肇《はらしまはじめ》氏にも工藤会壊滅作戦の継続を依頼して、そこまでの成果を引き継いでいる。


記者が、福岡県警の捜査員から壊滅作戦を進めている話を直接聞かされたのは、天野氏が小倉を去った2014年春のことだった。

「秋に、工藤会幹部を一斉にやる(摘発する)から」

その捜査員は、自信ありげにそう言った。

工藤会の関与が疑われる凶悪事件のほぼすべてが未解決だった当時、にわかに信じられることではなかったというのが本当のところだ。

だが実際は、こちらの疑念に反して、梶原氏射殺事件と看護師刺傷事件をめぐる捜査は大詰めを迎えようとしていたのだ。

「僕は死ぬのか、死にたくない……」

県警や検察が自信を深めかけていたなか、再び北九州市で市民を狙った事件が勃発《ぼっぱつ》する。

２０１４年5月26日の朝、北九州市小倉北区で歯科医師の男性が、勤務先の九州歯科大付属病院の駐車場で車から降りた直後に二人組の男から襲われ、左太ももなど数か所を刃物で刺されたのだ。

二人はともに黒いヘルメットをかぶっていて、襲撃後すぐにバイクで逃走している。太ももの傷は深く、血が止まらず、救急医が現場に駆けつけた。その際、歯科医師の男性は「僕は死ぬのか、死にたくない……」と訴えていたという。

のちの公判でも救急医の証言があったが、胸付近も刺されていて、「1、2センチずれていれば心臓や肺を損傷することは十分あり得た」そうだ。

生死がきわどい状況だった。

襲われた男性は1998年に射殺された梶原国弘氏の孫にあたる。

地元漁協やファミリー企業などにはいっさい関わっていなかったが、工藤会が絡んだ犯行が強く疑われた。歯科医師を襲撃することで、その父親を脅すことが狙いだったと考えられる。歯科医師の父親は北九州市漁協の理事を務めていたのだ。

事件の1か月後には北九州市漁協の組合長選挙が控えていた。

前年の12月に北九州市漁協組合長を務めていた上野忠義氏が射殺されて以降、組合長のポストは空席になっており、梶原氏の息子であり、上野氏の甥《おい》にあたる歯科医師の父親は、二人の遺志を継ぐため立候補することを決めていた。

組合長に就任すれば、港湾開発に伴う漁業補償の交渉役を担うことになる。県警もトラブルを警戒しており、事件前には注意を呼びかけ、24時間体制で周辺を見守る「保護対象者」としていた。

だが、襲われた歯科医師は、地元漁協などには関わっていなかったこともあり、対象外になっていた。その盲点をつかれたわけだ。

事件後、歯科医師の父親のもとには「家族全員殺す」などと書かれた脅迫文が届いた。脅しに屈しないようにという説得も受けたようだが、組合長選へは出馬しなかった。結果的に、副組合長の男性が格上げのかたちで組合長の座に就いている。

それでもなお脅迫行為は終わらなかった。

事件の2か月後の7月25日の夜、今度は会社員の女性が男性二人組に襲われたのである。北九州市八幡西区のマンション駐車場で、肩と腰を刃物で刺されたのだ。

普通の女性が突然このような目に遭うのは考えにくいが、彼女はかつて漁協理事が経営に関わっていた会社で働いていたことがわかった。

本人ではなく、周辺が狙われ続けていたということだ。

Xデーは9月11日

県警や検察はさらなる被害者が出ないかと焦りを募らせながらも壊滅作戦を進めた。

この頃、梶原氏射殺事件と看護師刺傷事件の捜査は大詰めを迎えようとしていたようだ。天野氏からバトンを引き継いだ福岡地検小倉支部長の原島氏の指示のもと、検察、県警は証拠固めのため、元組員や組関係者などからの証言集めに力を注いでいた。

工藤会には〝鉄の結束〟がある。野村被告への畏怖《いふ》は末端組員や関係者周辺にまで及んでおり、証言を得るのは容易ではなかった。それでも、厚い障壁を1枚ずつ剝《は》がすように少しずつ証拠を固めていった。

検察は、工藤会から執拗《しつよう》に狙われる上野・梶原一族との距離感も詰めていた。

当初は、工藤会を取り締まることができずにいた警察や検察に対する怒りが強く、協力的ではなかったのだという。しかし、一連の事件の背景にある港湾利権をめぐってどのようないきさつがあったのかを紐解いていかなければ事件の全体像は摑《つか》めない。検察官はあきらめず、何度も接触を重ねることで少しずつ関係が改善していき、証言が集められるようになっていった。

2014年6月頃までに、工藤会壊滅作戦に乗り出すための梶原氏射殺事件と看護師刺傷事件の証拠はほぼ固まっていたとみられる。

警察庁、最高検の承認を得て、作戦の着手……、すなわち工藤会トップ二人の逮捕に踏み切ることになる。

その日は9月11日に決まった。

もちろん、その時点で公表されていたわけではない。

秘密裏に進められていたことだ。

マスコミ、警察、工藤会――探り合いの巴戦

いよいよ警察が工藤会トップを摘発する。

歴史的な逮捕劇を目前に控え、マスコミの取材合戦は日に日に過熱していった。

とくに西日本新聞は、福岡県に本社を構える報道機関だ。福岡県内の重大事件に関する報道で、他社に遅れを取ることは許されないという思いが強かった。

「工藤会最高幹部、逮捕へ」という特ダネ記事掲載を目指し、プレッシャーがかかるなか、取材に奔走していた。

福岡県警にしても、捜査員らに箝口令《かんこうれい》を敷いて情報管理の徹底を図っていた。事前に工藤会側に情報が漏れることで野村被告が逃走してしまっては元も子もなくなるからだ。

普段は、夜討ち朝駆けの取材にも笑顔で応じてくれていた幹部や捜査員らの口も重くなっていた。

それでも取材を重ねていくことで、おぼろげながらも9月11日の逮捕ではないかということが見え始めていた。それが8月下旬のことだった。

その少し前、県警幹部の一人が複数の会社の記者を飲みに誘い、9月1日着手という偽情報を流したことがあった。

「記者が裏取り取材をしてくるかどうかで、本来の9月11日を把握しているかを確かめる意図があった」と、のちに打ち明けられている。


この頃になると、工藤会の側でも捜査の手が目前まで近づいているのを察していたようだ。9月に入る頃、野村被告の自宅や工藤会の本拠地である工藤会館は、組員の出入りが目に見えて激しくなっていたのだ。

こんな出来事もあった。トップ二人が逮捕されるその日にどのように取材を行うかをシミュレーションするため、記者数人が工藤会館などの関係先を巡ったときのことだ。小高い丘にある田上被告宅を確認してしばらくしてから一人の記者が異変に気がついた。

「尾行されてますね」

我々の後ろに、見知らぬ乗用車が張りついていたのだ。

赤信号で停車すると、尾行していた車は左側に横付けしてきた。助手席に座る記者が恐る恐るそちらを見ると、組員風の若い男が目を見開いて、こちらを睨みつけていた。

我々を警察だと思っていたのか……。

青信号になると、その車は左折して、去っていった。

別の日には、記者の携帯電話に、工藤会とは近しい関係にあるはずの建設業者から連絡が入った。

工藤会の内情などを取材するために関係を築いていた相手だが、普段はめったに連絡を取り合わない。しかしその日は「久しぶりにメシを食おう」と誘ってきたのだ。記者が断ると、「最近、警察のほうが忙しいらしいかね。何か知らんね?」と探りを入れてきた。

「どうですかね」

言質を取られないようにするため何も知らないそぶりを続けた。

三者三様の探り合いが行われていた時期である。

我々も落ち着かず、心は常にざわついていた。

いよいよ、始まる……

警察、工藤会、そして我々マスコミも〝その時〟に向けて緊張感が高まってきていた。

壊滅作戦前日の9月10日の夜には、福岡県警小倉北署から工藤会捜査を担っている北九州地区暴力団犯罪捜査課の尾上芳信課長ら幹部数人が出てきて、こう言った。

「今日は何もなかけん、ちょっと飲みに出る。お前たちもあとから来るや」

署の玄関口で尾上課長らを待っていた記者の誰もが驚いた言葉だ。

普段は、出勤や帰宅のタイミングを見計らって取材する夜討ち朝駆けに対しても、けんもほろろに突き返す幹部たちが珍しく飲みの誘いを持ちかけてきたのだ。

警察とマスコミによる最後の腹の探り合いであり、化かし合いといえる。

「いいっすね」

テレビ局の若い記者は笑顔で即応していた。

別の全国紙の記者は困惑した表情で上司に電話していた。

我々はどうするか。

野村、田上両被告を11日朝に逮捕することは、複数の捜査関係者への取材で確信していた。しかし、誘いを断って、警察、マスコミ双方に勘ぐられるのも困る。

結局、若手の記者に様子を見に行かせたうえで、他の記者たちは大詰めを迎えていた取材や原稿執筆を進めた。

「工藤会最高幹部立件へ」
「98年殺人関与の疑い」

2014年9月11日付朝刊の大刷りが完成した。

一面の二番手扱いとなる、左上のいわゆる〝カタ〟に記事は据えられた。

配達距離の関係上、新聞が早めに印刷される福岡県外の紙面にはあえて掲載しなかった。記事に触れる読者は減ってしまうものの、新聞を読んだ関係者から工藤会側に連絡が入り、野村被告らの逃走につながる可能性が捨てきれなかったからだ。

いよいよ、始まる……。

我々の胸中にはさまざまな思いが渦巻いていた。

これから前例のない「工藤会壊滅作戦」が幕を開けるのだという高揚感はもちろんあっ

たが、それだけではない。全国から注目される重大捜査を取材する責任感や重圧をひしひしと感じていたのだ。

5章　異例の捜査と舞台裏

野村悟被告逮捕！　その瞬間

２０１４年9月11日。

北九州市小倉北区にある特定危険指定暴力団・工藤会トップの野村悟被告宅には、日の出前の午前5時半頃から続々と報道陣が詰めかけていた。

北九州市で繰り返されてきた多くの凶悪事件に関与していたことが疑われる暴力団のトップが逮捕される歴史的瞬間を逃すまいと、各報道機関が記者を投入していたのだ。

6時頃には県警の車両も到着し、要塞のごとく高い塀に囲まれた邸宅前には機動隊員が一列に並んだ。組員たちはその傍を慌ただしく行き来していた。どこかに電話をしている者もいれば、邸内に入っていく者もいて、動きはせわしなかった。

組幹部とみられる男は「トラブルは絶対に起こすな！」と指示を飛ばしていた。小競り合いなどは起きていなかったものの、あちこちで警察官と組員がにらみ合うような状況になっていた。

そんな中にあり、「誰か捕まるとね」と組関係者に尋ねる高齢の女性もいた。近所の住民なのだろう。そういう人が現れても張りつめた空気がほどけることはなかった。

バタバタバタと音を立て、上空には報道のヘリコプターも飛んでいた。

午前6時45分、強制捜査が始まった。

捜査員が門の前で構えている組員に逮捕令状を見せ、高さが2メートルほどある重厚な門扉が静かにひらかれた。「機動隊は入るな！」という怒声も飛ぶなか、約１２０人の捜査員が野村被告宅に入っていった。

邸宅の傍で張っている我々記者は、中の様子を窺い知ることはできない。どうなっているのかと焦《じ》らされるだけだった。

捜査員が突入してから30分ちょっとが過ぎた7時21分、玄関から野村被告が姿を現す様子をヘリコプターの上空映像がとらえた。

待ち構える捜査員と組員のあいだを縫うように歩を進めた野村被告は県警のワゴン車に乗り込んだ。

逮捕の瞬間といえるが、その際には近くにいた組員がおもむろに銀色の傘をひらいた。野村被告が逮捕されるところをカメラに撮られないようにするための配慮だったのだろう。野村被告の姿は傘に隠され、普段から愛用している白いハットだけがちらりと見えた。そのハットを脱ぐと、車外の人間に手渡し、ドアが閉められた。

「元漁協組合長（梶原氏）射殺事件」の殺人容疑での逮捕だった。

野村被告を乗せた車が出発すると、組員たちは深々と頭を下げ、車が見えなくなるまでそのままでいた。

記者会見で語られた言葉

約1時間半後の午前10時、福岡県警小倉北署で記者会見が始まった。

マイク前に座ったのは、樋口真人《ひぐちまさと》県警本部長である。通常、殺人事件などで容疑者を逮捕した際の記者会見には管轄署長や本部の担当課長が出席する。本部長が会見するのはきわめて異例のことだ。樋口本部長は険しい表情を崩さず壊滅作戦の意義を語った。

「工藤会対策は新たな局面に入りました。壊滅的な打撃を与えるまで総力を挙げて捜査を進める。不退転の決意で臨みます」

「工藤会による組織的な凶悪事件について、元凶の首謀者まで追及するとの強い信念で捜査を進めてきました」

「これは全容解明へのひとつのステップです。（他の未解決事件でも）首謀者と実行犯を徹底的に追いつめていきます」

樋口本部長が口にしたのは力強い言葉ばかりだった。

一方で、組員に対しては「すみやかな離脱を期待しています。自分の将来や家族のことを考えて下さい」と呼びかけた。

また、工藤会への恐怖心で縛られた北九州市民には次のように訴えて頭を下げた。

「市民の皆さんにはもう一歩、踏み込んだお願いがあります。勇気をもって情報提供してほしい」

本部長自らが臨んだ記者会見は、野村被告の逮捕は工藤会壊滅作戦の序章に過ぎないものだということを示す決意表明にもなっていた。

ナンバー2の田上不美夫被告には逃げられた！

工藤会壊滅作戦がついに実行されたわけだが、スタート段階において想定外の事態も起きている。小さなつまずきではなく、手痛い失策だ。

野村被告と同じ11日朝に逮捕することを予定していたナンバー2の田上不美夫被告を取り逃がしたのである。

野村被告宅に捜査員が入るのとほぼ同時刻に北九州市戸畑区にある田上被告宅にも捜査員が強制捜査に入っている。だが、肝心の田上被告が見つからなかったのだ。

県警は前日夜に帰宅しているのを確認していたが、捜査の手が伸びるのを察知したのか、明け方までに姿をくらましてしまっていたということだ。

実をいうと、野村被告にも逃亡を許してしまう可能性があったことがわかっている。

捜査員が野村被告宅に入る3時間ほど前になる午前4時頃、県警八幡東警察署のパトカーが職務質問のために1台のベンツを止めている。野村被告宅からはかなり離れた八幡東区だったが、ベンツを運転していたのは野村被告の側近で、組織の〝金庫番〟を務める工藤会幹部の山中政吉《やまなかまさきち》被告だった。

そして車内には、パジャマ姿の野村被告もいたのである。

ベンツを止めた署員は、壊滅作戦が敢行されることを知らされていなかったので、職務質問をしたのはまったくの偶然だった。

「腰痛で病院に向かっている」という山中被告の説明を県警本部に報告しているが、その場で野村被告の身柄は確保しなかった。そのまま戻らず逃亡していてもおかしくなかったのに、なぜか野村被告は自宅に戻った。そのため、朝に逮捕できたのだ。

いったいどうしてなのか？

県警幹部は「逮捕されるはずがないという油断があったのではないか」と推察するが、このとき野村被告がなぜ、あんな時間に外に出ていたのか、そして自宅に戻ったのかは、いまも判然としていない。

田上被告からの電話

警察はすぐに田上被告を全国に特別手配した。

樋口本部長の記者会見後、県警北九州地区暴力団犯罪捜査課の尾上芳信課長は、取り囲んだ報道陣に対して、「田上（被告）を逃がしたのはマスコミの責任だ」と怒声を浴びせた。各紙11日付朝刊で工藤会トップの強制捜査着手を大々的に報じていたからだ。逮捕後ではなく逮捕前に記事を出したいのはどの社も同じだ。しかし、そういう記事が出たこと、あるいは出るのを知ったことで田上被告は逃げたのではないか、と責めてきたわけである。尾上課長が言うように田上被告が事前に情報を手に入れていたのだとすれば、野村被告にそれが伝わっていないはずがない。そのことが夜明け前の野村被告の行動に関係していた可能性も考えられる。だが、そうなると、野村被告がなぜ自宅に戻ったのかはますます謎になる。

いずれにしても、容疑者を取り逃がしたのは警察にとっては最大級の失態である。警察組織の威信をかけた「工藤会壊滅作戦」が出だしからつまずいたとなれば、その後の捜査にも大きな支障をきたしてしまう。そのことが尾上氏の感情を昂《たかぶ》らせていたことは十分察せられた。とはいえ、捜査当局の準備不足や警戒態勢のあまさが田上被告の逃走につながったのはまぎれもない事実だ。

「逃走を想定もしないで捜査員を張らせていなかった警察の対応が悪いのではないか」

記者側も反論し、一時は押し問答にもなったほどだ。かつてないほど険悪な雰囲気になっていた。

田上被告がそのまま行方をくらましていれば、問題はさらに大きくなったはずだが、実際はそうならずに済んでいる。逃走から2日後の13日午後、行方を追っていた捜査員の携帯電話が鳴った。非通知設定だったが、相手は田上被告だった。

「出頭したい」

そう切り出されたというのだから捜査員は驚いたはずだ。

待ち合わせ場所として指定されたのは、福岡県を南北に結ぶ九州自動車道「古賀《こが》サービスエリア」の上り口。ちょうど、福岡市と北九州市の中間地点にある。捜査員が向かうと、そこに田上被告が一人で待っていたという。

所在不明中、田上被告の携帯電話の電源は入っていなかった。

この間、何をしていたのか。一度逃げていながらどうして出頭したのか。

そうしたことはやはり明らかにはなっていない。

看護師刺傷事件での逮捕者は16人に！

逮捕された野村、田上両被告は一貫して事件への関与を否認した。県警や検察もそうなるのは織り込み済みだった。証拠は「動かしようのない確たるものばかり」（天野和生・

元福岡地検小倉支部長）という自信が揺らぐことはなかった。

県警、検察は間髪入れずに「壊滅作戦」の二の矢を放った。

２０１３年１月に福岡市博多区で起きていた女性看護師刺傷事件の立件である。10月１日、福岡県警は、野村被告をはじめとした工藤会幹部や組員たちを「組織犯罪処罰法違反（組織的殺人未遂）容疑」で逮捕した。指定暴力団トップに同法の殺人未遂罪を適用するのは全国で初めてのことだった。

野村、田上両被告のほかに逮捕されたのは、工藤会最大の２次団体で、野村被告の出身母体でもある田中組の幹部らである。

この時点で行方をくらましていた田中組の幹部の一人は重要指名手配され、のちに逮捕されている。それにより、この事件での逮捕者は16人にのぼった。

組織運営の中枢を担う田中組の幹部らを一網打尽にして工藤会を弱体化させる狙いが警察や検察にあったということは容易に推測される。

いまが生まれ変わって人生をやり直すチャンス

このときの記者会見にも樋口本部長が臨んだ。

話の中でとくに際立っていたのが組員に送ったメッセージだ。

「一人の人間として、いま大きな岐路に立っているはずです。雲間から一筋の光を見出《みいだ》し、勇気を出して広い社会へ踏み出すときです」

「気づいていると思いますが、工藤会は下の者の危険と犠牲のうえに一部の幹部だけが安穏として豊かな生活を送っています。このような組織にいつまでもすがり、自分や家族の人生を棒に振ることはありません」

やさしく語りかけるかのように、組織からの脱退を訴えたのだ。

「いまが生まれ変わって人生をやり直すチャンス。更生の道を歩もうとする者は県警に相談してほしい。待っています」と締め括《くく》っている。

樋口本部長は司法試験も突破している異色の警察キャリアで、県議会の場でも暴力団対策について答弁したことがある。工藤会から報復される危険性を顧みず、前面に立って発信し続けるその姿は、現場の捜査員の士気向上にもつながっていた。

このような本部長が先頭に立って壊滅作戦を展開していることにより、それまで警察に懐疑的だった市民も「今度こそ本気のようだ」と期待感を高められていた。

この頃から市民は、いつ事件に巻き込まれるかわからないという不安が和らいでいったようだ。

ついに〝鉄の結束〟がほころんだ

看護師刺傷事件に関しては、現場周辺の防犯カメラの映像など、実行犯を特定するための物的証拠は揃っていた。だが、犯行の組織性を立証するには、野村、田上両被告が犯行を指示命令したことなどの裏付けが不可欠だった。

関係者の証言などの状況証拠に加え、逮捕した実行犯の自供も重要な証拠になる。県警は認否を明らかにしなかったが、捜査関係者によると、逮捕された野村被告ら16人は当初、事件への関与を全員否認していたのだという。

それもそのはずだ。鉄の結束を誇るとされる工藤会では、末端の組員を逮捕しても、その後の取り調べで組長ら上層部の指示に関する供述を引き出せることはまずなかった。上層部をかばった末端組員が実刑判決を受けた場合、懲役中は工藤会が金銭面で家族の面倒をみて、出所後には昇進させるなど好待遇で迎えるようにもなっていた。

県警幹部によれば、「接見した弁護士を通じて、『しゃべるな』という指示が行き渡っていた」と見られる。そういう状況のなか、勝負は取り調べにかかっていた。

朝から晩までひと言もしゃべらない者もいれば、雑談には応じる者もいた。取調官たちは、あの手この手で揺さぶりをかけた。

「一般人の女性を襲って恥ずかしくないのか」

「極道を語るなら、カタギ（一般人）に手を出したらダメだろう」

そんな言葉は、組員らの心に刺さっていたはずだ。

組員のストレスレベルを確認するため、口をつけた食事の量を毎回チェックする取調官もいた。

そうして逮捕から10日以上が過ぎたあと、それまで事件への関与を否認し続けていた組員の一人が口をひらいた。

「すみません、しゃべります。……やりました」

声を絞り出した組員の体は小刻みに震えていたという。

踏ん切りをつけるまでに時間がかかったとはいえ、大きな意味をもつ自白だった。

のちに野村被告は公判で「(女性や子供を襲ってはいけないということは)常識的にわかると思う」、「組員が通り魔をすれば処分になる」、「(女性を襲うことは)許されませんね」などと発言している。自分で絶対のタブーだと言っていることを、組員に指示してやらせていたとも考えられるのだ。それも〝きわめて私的な施術を受けた際の小さな恨み〟が女性襲撃の理由と聞かされたのだから、組員としてはたまらなかったにちがいない。

取調官もそういう心理をついていたので、この組員もこらえきれなくなったのだと推測される。別の公判でこういう証言をした元組員もいる。

「面識のない女性を襲うことや、それを指示する組織に嫌気が差した」

この事件を起こしたことで工藤会の鉄の結束に割れ目が入った部分もあったのかもしれない。少なくともどこかに亀裂《きれつ》は生じていたはずだ。

一人が自供したことは瞬く間に伝播《でんぱ》し、他の者たちも容疑を認めはじめた。

「こんなことはヤクザのやることじゃないと思っていた」

そんな本音を漏らす組員もやはりいた。このとき容疑を認めたのは数人だったとされるが、工藤会の鉄の結束はいよいよ瓦解《がかい》しはじめた。実行犯とされた組幹部らは後に福岡地裁で実刑判決を受けている。

「何度も煮え湯を飲まされてきた鉄の結束がほころぶとは正直、考えてもいなかった。まさに〝消滴《けんてき》岩を穿《うが》つ〟だ」

工藤会捜査を長年担当していて、尾上氏のあとを継いで県警北九州地区暴力団犯罪捜査課長を務めることになった国本正春《くにもとまさはる》氏は当時の心境をそう語る。

わずかな水のしずくでも、絶えず落ち続けていれば岩にも穴をあけられる――。あきらめずに続けていれば、どんなに困難なことでも成し遂げられる、ということだ。

異例の捜査に評価割れる

福岡県警による工藤会壊滅作戦は、全国から高い注目を浴びた。

一方で、ジャーナリストなどからは異例の捜査や暴力団排除の手法に懸念が示されたのも事実である。

ジャーナリストの大谷昭宏《おおたにあきひろ》氏は取材に対し、元漁協組合長（梶原氏）射殺事件について、こう指摘している。

「過去の事件を蒸し返して立件することには、人権上の懸念がある。市民が被害に遭い、恐怖に陥っている今だからこそ、緊急措置的に許される手法かもしれない。だが、こうした強引な捜査が市民にも適用され、大手を振って歩き始めることにならないように、警戒感を持たなければならない」

「福岡県では、県警が旗振り役となって組員の入店を禁じる標章を飲食店に張らせるなど、市民を前面に立たせる暴力団排除運動を推し進めてきた。その結果、スナックで働く女性が切り付けられるなど、多くの血が流れた。暴力団とぶつかるのは丸腰の市民ではなく、警察であるべきだ」

工藤会の〝落城〟〝落日〟

北九州市では２０１２年４月の元警部銃撃事件以降、全国から約３００人の機動隊員が応援に入り、昼夜を問わず繁華街などをパトロールしていた。

警察庁は野村被告の逮捕後、すぐに約２３０人を増員した。壊滅作戦着手を受けて、工藤会側が報復に出る恐れがあったからだ。全国からの機動隊員派遣は２０１４年末まで続いた。

警戒態勢を強くしていた２０１４年11月に福岡県公安委員会は、暴力団対策法にもとづき、工藤会の本部事務所「工藤会館」など活動拠点として使われてきた事務所４か所の使用制限命令を出している。

対立抗争中ではない暴力団に対してこの命令を出すのは全国で初めてのことだった。工藤会は毎月１回、本部事務所に数百人が集まる定例会を開催して、執行部の決定事項を組員らに伝達していた。使用制限によって組員の活動や謀議を封じ込める狙いがあったのだと思われる。その後もこの命令は、延長が繰り返されることになる。

少し話を先に飛ばせば、使えない状態が続いていた本部事務所は、売却契約が結ばれて２０１９年11月から解体工事が始められた（２０２０年２月に解体工事は完了）。重機によって、外壁が崩され、「ＫＵＤＯＵＫＡＩ　ＫＡＩＫＡＮ」と書かれた金属製の看板がもぎ取られる様子はニュース映像になり、全国の人を驚かせた。工藤会館は工藤会の象徴ともいえる拠点であるが、それが無残に打ち砕かれていったのだ。

かねて「いつか落城させたい」と語る捜査関係者もいたが、落城の瞬間を多くの人が見届けることになっている。

解体、撤去されたのは本部事務所だけではない。

野村被告の出身母体である田中組の本部事務所も解体された（２０２１年10月に工事を開始）。その段階までに少なくとも22か所の事務所が撤去されている。

組織の弱体化による資金力低下も背景にあるとみられる。新たな事務所の開設などはなく、会合には街の居酒屋などが使われるようにもなっていた。

落城であり、落日である。

ヤクザのところのケーキ屋

時間を戻せば、壊滅作戦着手翌年の２０１５年1月には、野村被告らが不在の工藤会で実質的に組織運営を指揮していた木村博理事長代行（当時）が恐喝未遂などの疑いで逮捕されている。先にも名前を出しているが、工藤会ではスポークスマンとしての役割も果たしていた人物である。

県警は「工藤会系の組事務所として使用していたビルを所有者から脅し取ろうとした疑

いがある」と説明したが、工藤会の組織運営にくさびを打ち込む狙いがあったのは明らかだった。木村は、同じ組の幹部を射殺した事件を主導したとして、殺人容疑などで再逮捕され、無期懲役が確定している。

問題のビルは、組が退去したあと、しばらく空きビルになっていたものの、のちに改装されて、1階にはケーキ店が入った。

はじめのうちは「ヤクザのところのケーキ屋」などとも呼ばれていた。今は閉店してしまったが、一時は、暴力団を追放した象徴的存在となっていた。

追いつめられていくトップの二人

2015年1月には、ここまで壊滅作戦を指揮してきた樋口真人氏が、人事異動で福岡県警本部長を退任した。後任には、のちに警視総監を務める吉田《よしだ》尚正《なおまさ》氏が就いている。

「キミの使命は工藤会の壊滅だ」

樋口氏からはそう言われてバトンを託されたのだという。

就任会見では、次のように意気込みを語った。

「まずは工藤会の壊滅。戦いは続いています。いささかも手をゆるめることはありません」

「これからが正念場。組織の総力を挙げて未解決事件の摘発、保護警戒活動、暴力団排除活動の3つを強力に進めたい」

就任後に吉田氏は、福岡地検・高検に呼びかけて合同会議を定期的に開催するようにした。検察との連携を強化することで未解決事件の捜査をさらに前進させていくためだ。

就任から約1か月後の2月、福岡県警は歯科医師刺傷事件に関与したとして、工藤会系組員ら9人を組織犯罪処罰法違反（組織的殺人未遂）の疑いで逮捕。さらに3か月後の5月には野村、田上両被告ら幹部4人を同容疑で再逮捕した。

この事件では、一部の組員が当初から容疑を認めていた。県警は供述にもとづいて犯行に使われたとみられるバイクを市内のダムから引き上げてもいたのだ。

そのうえで上層部の指示があったとする証言も得られた。

「野村、田上（両被告）ら上層部は否認を貫いたが、実際に襲撃をさせられた末端組員は戦意を喪失していた」

当時の県警幹部は取材に対してこのように答えてくれていた。

工藤会の資金源断絶作戦

さらに県警は、暴力団捜査の新境地を切り拓《ひら》いた。

同年6月、傘下の組員から2010～13年に集めた上納金のうち、個人所得に当たる約2億2700万円を隠して、所得申告せずに所得税約8800万円を脱税したとして野村被告や幹部ら4人を所得税法違反の疑いで逮捕したのだ。野村被告の脱税が罪に問われていることはすでに触れているが、暴力団の上納金をトップの〝個人所得〟と捉えて、脱税容疑で摘発するのは全国で初めてのことだった。

県警は検察に加えて国税庁ともタッグを組んだということである。

組員たちは、飲食店や建設業者から集めるみかじめ料など、シノギで得たカネの一部を上納金として上層部に納める。工藤会に限らず、そうした上納金は暴力団が組織を運営していく原資となる。そこに捜査のメスを入れたのだ。

北九州市の隅々まで深く根を張る工藤会に対して県警側は、これまでにも県暴力団排除条例などで〝包囲網〟を張ってきていた。それでも、建設業界や歓楽街の飲食店と工藤会の関係は遮断できず、組織に流れ込むカネを断ち切ることはできなかった。そこをなんとかしたい気持ちも強かったはずだ。

県警の吉田本部長は記者会見で事業者に対してこう呼びかけた。

「過去、資金を提供した事実があっても、工藤会との決別を誓うなら、今後の活動に支障が出ないように県暴力団排除条例の運用について最大限配慮します」

「いま関係を断ち切らなければ、二度とチャンスは巡ってこない」

一方で、工藤会との関係を保ち続ける事業者に対しては「総力を挙げた取り締まりを徹底する」と強調している。

工藤会の資金源断絶にかける県警側の姿勢をはっきりと示したかたちだった。

上納金と法人格

全国の警察や検察はこれまで、暴力団における上納金の扱いには窮していた。

組員らが集めたみかじめ料や犯罪収益が「収入」になっていることを示す資料（証拠）はまず存在しない。その一部が上納金となるのはわかっていても、どのように上層部に納められるのかは判然とはしていない。

たとえば2次団体の組員であれば、所属する組の幹部か組長にまず渡し、それがさらに上の組織のトップへと納められるのだと推測されるが、その立証が難しいのだ。

上納金がどのように使われていくかも調査する必要があるのに、暴力団が組織運営の経費などを帳簿につけることはほぼあり得ない。

そうした現実が取り締まりを難しくしていた。

評論家のなかには、暴力団は「任意団体の扱いになるので、脱税を立証するハードルはきわめて高い」と指摘する者もいた。

任意団体とは〝法人格のない団体（人の集まり）〟のことで、暴力団とは対照的な例としては町内会やサークルなどが挙げられる。普段から団体として行動していても、法人格がなければ団体として行えないことは多い。何かの契約を結ぶ際には構成員の名義で行うしかなく、団体名義で財産を所有することもできないのである。

そういう任意団体と性格が近い暴力団に対して、「収入や支出の概念を当てはめられるのが可能なのか」という疑問が提示されていたわけだ。

懲役3年、罰金8000万円の有罪判決

それでも県警には勝算があったのだという。

事前に、有力な証拠を得られていたからだ。

壊滅作戦決行の3か月前となる2014年6月に県警は、野村被告の側近で〝金庫番〟とされる工藤会幹部の山中政吉被告を県迷惑行為防止条例違反（卑猥《ひわい》な行為等の禁止）の疑いで逮捕していた。パトロール中の警察官が職務質問した際、山中被告が激昂《げきこう》してズボンと下着を脱ぎ、下半身を露出させたからだ。法に反するようなものは何も持っていない、ということを示したかったからだと想像される。

ここでいちど逮捕されていたことで警戒心を強めたのか、山中被告は釈放されたあとに組織の資金管理に関する「引き継ぎメモ」を作成していた。そのメモが工藤会壊滅作戦に乗り出した際の家宅捜索で発見されて押収できていたのだ。前章でも書いたが、捜査員が「お宝が出ました！」と声を弾ませた一件である。

メモには、組幹部から集めた毎月の組織運営費2000万円のうち500万円は野村被

告の親族名義の口座に振り込むようにすることなどの指示も書かれていた。

県警、検察、国税庁は関連口座のカネの出入りも精査した。こうした捜査の結果として、2010年から14年までの5年間に、上納金を元にした約8億9000万円が野村被告個人の所得に当たることが判明。当初は8800万円だった脱税額も、総額で約3億2000万円にまで膨らんだのである。

この事件の裁判は、野村被告の関与が問われた他の4事件に先行して行われ、2021年に懲役3年、罰金8000万円の有罪判決が確定している。

工藤会のシステムと「憲法」

実際のところ、工藤会ではどのように上納金を集めていたのか？

捜査関係者への取材で聞かれた言葉や工藤会の内部資料、公判での証言を整理すれば、およその構図が見えてくる。

野村、田上両被告を頂点にして、組織全体の運営に関わる中枢幹部＝「執行部」、有力な傘下組織の組長＝「直若」など、幹部のランクごとに金額を決めて徴収するピラミッド型のシステムが存在している。

毎月の上納金は「運営費」、「代紋代」と呼ばれ、基本的にはランクが上がるほど金額が高くなる。金額は、その時々の景気や組織内の状況で数年ごとに変わっていたようで、2015年時点では月額で、ナンバー3の理事長を含む執行部、直若が20万円、上席・専務理事が10万円。常任理事が7万円、理事が5万円。幹事が2万円などと定められていた。各役職には十数人から数十人の幹部が就き、それぞれの幹部は配下組員から上納金の原資を調達して金庫番に納める仕組みになっている。

原資は、飲食店や建設業者などから取り立てるみかじめ料、覚せい剤の密売や売春による犯罪収益などで、工藤会という看板の〝使用料〟的な側面もあるとみられる。

工藤会では、組織の維持拡大のため、上納システムに関する内規を事細かく定めていたこともわかっている。

工藤会の前総裁である溝下秀男（故人）が1999年に改訂した内部規約「工藤会憲法」には、組織内で上納金を2か月滞納した場合は、降格処分にすることが明記されている。組織の利益のために犯罪に関与し、有罪が確定した組員については、服役中は上納金の徴収を免除する、とも定められていた。

時代を追うごとに取り締まりが厳しくなったことで、実際はルールも細かく変わっていったものとみられる。

現在は、工藤会の弱体化が著しく、みかじめ料の徴収が困難となっており、上納金を納められない組員が続出しているという話も耳にしている。

満を持しての逮捕劇

2015年7月、県警はいよいよ、決して未解決のままにはしておけない事件にも決着をつけにかかった。

2012年4月に起きた元県警警部銃撃事件である。

この事件に関与したとして、野村被告をはじめとする工藤会組幹部や組員ら計18人を組織犯罪処罰法違反（組織的殺人未遂）などの疑いで逮捕したのだ。

一部の組員が関与を認めていたのが大きかった。県警は、組員の証言にもとづき、現場から1キロほど離れた川から事件に使われた拳銃を発見していた。重要な物証である。

また、先にも記したように元警部と元組幹部のやり取りが録音されていて、野村被告から直接、恨みがましい言葉をかけられていたことなどの証言もとれていた。動機につながる背景の裏付けはできており、満を持しての逮捕劇だったといえる。

これにより野村、田上両被告の逮捕に至ったのは、①元漁協組合長銃殺事件、②女性看護師刺傷事件、③歯科医師刺傷事件、④元福岡県警警部銃撃事件の4件となった。

これらの事件の公判が2019年から行われ、2021年8月にその判決が出されることになるわけだ。

県警は、このほかの未解決事件についても捜査を尽くし、立件にこぎ着けている。

福岡県暴力団排除条例にもとづき2012年8月に導入された暴排標章をめぐる一連の市民襲撃事件もそうだ。2015年11月に県警は、暴排標章を掲げた飲食店の入る2軒のビルに火をつけたとして、工藤会ナンバー3で理事長の菊地《きくち》敬吾《けいご》被告を含む組員らを現住建造物等放火などの疑いで逮捕した。

翌2016年6月には、同じく標章を掲げたクラブの経営会社役員を刃物で刺したとして、工藤会幹部らを殺人未遂容疑などで逮捕。突き上げ捜査を経て、菊地被告の再逮捕にも至っている。

２０１７年6月にも、標章掲示店経営の女性ら二人に切りつけたとして、組織犯罪処罰法違反（組織的殺人未遂）の疑いなどで幹部らを逮捕した。

建設会社役員が大相撲九州場所観戦後に帰宅したところで射殺された２０１１年の事件も大きく動いた。この事件に関与していたとして、２０１７年1月に工藤会幹部らを殺人容疑などで逮捕したのだ。被害者男性は業界における暴追活動のリーダー的存在だったこともあり、記者会見で県警は、縄張りの中の建設利権を死守したい工藤会が「見せしめとして、地元の業界で一番影響力のある人物を狙ってやったとみている」と強い口調で説明している。

この事件についても現在でも、野村、田上両被告の指示があったとみて、裏付け捜査が続けられている。

刺傷事件に遭った歯科医師の父親である北九州市漁協理事（殺された梶原氏の遺族）の周辺で起きた事件の捜査も進んだ。この理事が経営に携わる会社の元従業員女性が男性二人組に襲われた事件に関しても、傷害などの疑いで工藤会幹部らを逮捕している。

工藤会はなお存続している

このように未解決事件を次々と立件していき、野村、田上両被告だけでなく中枢幹部をのきなみ摘発していった。

工藤会が弱体化していくことで新たな証言が得られやすくなり、さらに別の未解決事件も立件できるようになっていく。工藤会壊滅作戦の事件捜査は、県警や検察が思い描いていたように進んでいるといってもいいだろう。

ただし、それでもまだ犯人検挙に至っていない事件は数多く残っている。

そしてまた、組織は着実に弱体化したものの、工藤会はなお存続しており、活動を続けているのだ。

暴力団捜査に長く携わる県警幹部は我々の取材に対して力強くこう語る。

「これまで多くの市民が工藤会に傷つけられ、恐怖に縛られてきました。文字どおり組織が壊滅するまで、捜査の手をゆるめることはいっさいありません」

6章　法廷の全面対決

ついに迎えた初公判の日

２０１９年10月23日、４つの市民襲撃事件に関して野村悟、田上不美夫両被告を殺人罪などに問う初公判が福岡地裁でひらかれた。

野村被告を逮捕してから5年が経ち、ようやくひとつの節目が迎えられたわけである。汗ばむ陽気だった前日から一転して、この日は肌寒い曇り空だった。

住宅地にある福岡地裁前の歩道では、スーツ姿の警察官が、周囲に目を光らせていた。裁判所職員も警戒にあたるなか、暴力団風の男たち、マスコミ関係者の姿も目立ち、あたりは騒然としていた。

裁判所の入り口で金属探知機を使った身体検査を受けなければならないのは普段からのことだが、この日は、法廷に入る前にも再度の身体検査が行われ、法廷の中にも警備する警察官の姿が見られた。

こうした警戒態勢がとられた公判は、我々取材陣もこれまで経験がなかった。福岡地裁９０４号法廷は、開廷前から異様な雰囲気に包まれていたわけである。

この公判は、裁判員に危害が及ぶ恐れがあるということから裁判員裁判ではなく、裁判官3人による審理となっている。

組織内における野村、田上両被告の立場をふまえて、「工藤会が事件の帰趨《きすう》に強い関心をもっていることは明らか」とみなした福岡地裁が決めたことだ。

序章でも記したことだが、工藤会関連の以前の裁判では、裁判員に対して被告の知り合いである元暴力団員ら二人が「あんたらの顔は覚えとるけね」と声をかけてきた事件があった。その二人は裁判員法違反の疑いで逮捕され、裁判員らは途中で辞退している。裁判員の安全が保証されなければ裁判員制度は成り立たないのだから、脅しに類する行為は絶対に許されない。同じようなことが起きるのをふせぐためにも裁判員裁判からは除外されたということだ。

これから始まる裁判は異様な裁判である

午前10時前、野村被告は黒っぽい色のスーツに白のシャツ姿で入廷した。

5年前の逮捕時には黒かった髪がずいぶん白くなっていた。

拘置所生活が長引くなかで、体力を維持するために毎日、年齢の数だけスクワットをしているということは関係者から聞いていた。組員に仏閣の本などを差し入れさせ、読んでいるとも耳にした。本人にそういう意識があるからなのか、髪が白くなっても、気力、体力は衰えていない印象だった。

田上被告もやはり黒っぽいスーツを着ていた。裁判長から証言台に立つように促されると、野村被告に先を譲る仕草をみせた。5年間の拘置生活を経ても、二人の主従関係が変わっていないことがありありと伝わってきた場面だ。


起訴内容について、野村被告は「4つの事件すべてについて無罪です」と、はっきりと言い切った。それに続いて田上被告も「まったく関与していません」と無罪を主張した。

当然のこととはいえ、最初から検察側との対決姿勢が示されたわけである。

弁護団もそうだ。

「これから始まる裁判は異様な裁判である」

野村被告の主任弁護人である後藤貞人《ごとうさだと》弁護士は、冒頭陳述の中で宣戦布告をするかのようにそう口にしている。

大阪弁護士会に所属する後藤弁護士は、関西における刑事弁護の第一人者として知られる。2002年に大阪市平野《ひらの》区で起きた母子殺害放火事件で被告の無罪を勝ち取るなど、数々の重大事件で結果を出しており〝最強弁護士〟の一人に挙げられることも多い。

この弁護団で名が知られた存在なのは後藤弁護士だけではない。福岡県弁護士会の美奈《みな》川成章《がわしげあき》弁護士など、地元で刑事弁護に精通した辣腕《らつわん》が名前を連ねていた。

検察側が自信をもって示そうとしている証言や証拠をどう突き崩そうというのか？

この先の展開は、取材する我々にも予測しにくいことだった。

後藤弁護士による冒頭陳述を聞いていて、「いよいよここからが勝負の本番だ」と、あらためて知らされた気がしたのだ。

最強弁護士による「国策捜査批判」

検察側はA４サイズの用紙で23枚になる主張を読み上げていたが、弁護側の主張は予想していたよりは簡潔なものだった。

一連の捜査は「野村、田上両被告の有罪ありきの国策捜査」であり、4事件いずれも両被告は関与していない、という一点におよそ絞られていたのだ。

国策捜査とは、政府の意思や世論の動向に沿って行われる捜査のことをいう。最初から根拠を欠いている、という批判を込めてこの言葉を使っているわけである。

元漁協組合長の梶原国弘さんが1998年に射殺された事件に関しては、実行犯とされる工藤会系組幹部二人の実刑が2008年に最高裁で確定していた。そのうえでの立件だったことからも、後藤弁護士は国策捜査批判を展開していった。

「（2008年以降）殺人未遂事件と思われる事件が複数発生した。捜査機関はこれらを工藤会の犯行と疑った」

「工藤会総裁の野村さんと会長の田上さんを社会から排除することを考え、（中略）工藤会の壊滅という刑事政策的な目的に資するようにして利用されたのが1998年のこの事件だ」

マスコミも批判した弁護団

田上被告の弁護人も、梶原氏殺害事件について「共謀した事実はいっさいなく、まったく関与していない」、「今回は公訴権の濫用《らんよう》であり、違法な起訴」だと言い切った。

田上被告は2002年にこの事件で殺人容疑などで逮捕されて不起訴処分となっていながら、今回の捜査で再び逮捕され、起訴されていた。

刑事司法には、ひとつの容疑事実で同じ人物を何度も身柄拘束できないとする「一回性の原則」がある。

捜査幹部は「再捜査で新たな証拠が見つかった」ことで当時とは状況が変化したからだと説明したが、弁護団はそこに異議を唱えたわけである。

両被告の弁護側は、他の3事件についても関与を全面的に否定した。

そのうえで、弁護側の批判は、検察だけでなく報道にも向けられた。

「刑事裁判の原則は、一般社会を守る原則である。マスコミが犯人と決めつけ、他の裁判でも首魁《しゅかい》と決めつけられてきた野村さんこそ、この原則に守られなければならない」

そういう言葉をつきつけてきたのだ。

公判はこの後も週に2回程度のペースで続いていくことになる。

毎回およそ1日がかりになる公判をしっかりと聞いていくため、我々は取材チームを編成している。法廷の内容を日々報じていくのはもちろん、月に一度、一面を使った大型企画「マンスリー報告」も掲載していくことも決めていた。読者に法廷での攻防をより深く理解してもらうためである。それだけこの公判の意味は大きいと考えていたのだ。

ビデオリンク方式での証言

第2回公判は、初公判の5日後の10月28日にひらかれている。

両被告はやはり黒系統のスーツ姿で現れ、被告人席に座った。

この日は、検察側証人として、元組員二人がビデオリンク方式で証言するために出廷している。

ビデオリンク方式とは、暴力団犯罪や性犯罪の被害者、関係者らが、被告や傍聴人のいる法廷に出廷する精神的圧迫を緩和するための措置で、2000年に成立した改正刑事訴訟法にもとづいて導入されたやり方だ。

証人は別室にいて、法廷内の裁判官、検察官、弁護人の机の上には小さなモニターが置かれる。検察官、弁護人らはモニターに映る証人の姿を見ながらマイクを通して尋問を行っていくことになる。

被告の席からも傍聴席からも音声は聞けるが、画面を見ることはできない。

まず、工藤会ナンバー3であり田中組組長の菊地敬吾被告の身の回りの世話を担当していた「組長付」の元組員Aが別室から証言を始めた。

およそ20年前から工藤会の組員だったが、別の事件で逮捕されて組を脱退したという男性の声は少し震えているようだった。

検察官は最初に組員時代の日常を尋ねている。

検察官：「組長付」の仕事は？

元組員A：1日、組長の身の回りの世話をします。かばんを持って付き従っていく。組長付の仕事としては、基本的に3日入って3日休む。非番の日は朝、菊地さんのとこに挨拶に行き、用事を言われない限りは事務所などにいました。

検察官：菊地被告の毎日の動きは？

元組員A：田上会長の自宅、野村総裁の本家、工藤会館、それから田中組の紺屋《こんや》町事務所に行く。

検察官：本家には、ほかに誰が来ていましたか。

元組員A：工藤会の執行部や総裁付、木村幹事長、石田《いしだ》総本部長、本田《ほんだ》会長代行、山中総務委員長らがほぼ毎日来ていました。

検察官：（本家で）野村被告が来た際の様子は？

元組員A：幹部らが廊下に正座して、手をついて頭を下げ、「おはようございます」と挨拶する。菊地さんもやるが、田上会長が加わったのは見たことがありません。

元組員Aは「本家」と呼ばれる野村被告宅における幹部たちの様子を詳しく証言した。この話によれば、ナンバー3の菊地被告までが毎朝、正座して手をつき、野村被告を迎えていたことになる。鉄の結束を誇る工藤会では、トップ二人の指示なしに重大事件を起こすことはあり得ないという実態を浮き彫りにしたい検察側の意図が窺えた。

検察官が元組員Aに現在の気持ちを尋ねると、震える声で言葉を選びながら次のように答えている。

「ためらいというか、そういう気持ちが強かった。所属していた組織のトップの方々への証言だから。怖いという思いも強い。証言することで家族に何かあるんじゃないかと。話したのは、亡くなった人とか、被害者のことを考えたからです」

できれば証言はしたくなかった

続いて、工藤会最大の2次団体、田中組で経理を担当する事務長だった元組員Bがビデオリンク方式で証言した。

検察側が力点を置いたのは、シノギで得たお金や組織の運営費などの流れだ。

元組員Bは工藤会や田中組の運営費について、金額までを詳細に証言した。

工藤会の運営費については、毎月9日に事務局で山中政吉総務委員長（当時）に渡していたのだという。その金額は月に400万円から500万円くらいになっていたとのことだ。

元組員Bは、梶原氏射殺事件の実行犯として服役中の元組員、中村数年《なかむらかずとし》受刑者（無期懲役が確定）に現金を差し入れていたことも認めた。このことは事件が組織的に起こされていたのを立証するためにも重要な証言になる。

検察官：中村数年受刑者に金を贈っていたのか。
元組員B：家族に5万、別に50万から100万を差し入れました。
検察官：平成21年11月度の明細書には「弁護士中村　差し入れ100万円」とある。経緯は？
元組員B：菊地さんに渡されたメモにもとづいて書きました。
検察官：差し入れの費用はどこから？
元組員B：田中組の費用です。

検察官が現在の心境を尋ねると、元組員Bは涙ながらにこう語った。

「証言は、できればしたくなかった。田上会長には世話になって、いまも尊敬しているし、本当に申し訳ない気持ちがあります。自分のしてきたことなら話そうと思った。本当はしたくないし、（裁判に）出たくもない」

工藤会事件を担当する警察官から「関係者が報復を恐れて証言しないので、捜査が行きづまった」という話は、これまでにも何度となく聞いていた。証言することを約束していても土壇場で反故《ほご》にされるケースも少なくなかったようだ。

このビデオリンク方式では、本人は別室にいても、野村、田上両被告に話を聞かれることになる。そういうかたちであれ、元組員が赤裸々に証言するという状況は、以前であれば考えられないことだった。

工藤会内部の変化が窺える。

「響灘ハブポート構想」をめぐる利権

11月に行われた第5回、第6回公判では、殺害された梶原国弘氏の遺族であり、襲撃された歯科医師の父親である北九州市漁協幹部が出廷した。この日の尋問もビデオリンク方式で行われている。

国弘さんは、響灘ハブポート構想が策定される以前にも、白島石油備蓄基地の建設に際して、福岡、山口両県にまたがる広範囲の漁業補償をとりまとめたことがある。このとき地元ではその手腕に注目が集まり、一躍、時の人のようになったのだそうだ。その際の補償金は48億円にのぼった。しかしその後、漁業補償をめぐる背任罪に問われ、1995年に懲役2年の実刑判決が確定して服役することになった。国弘さんらが経営する会社は指名停止処分も受けている。

検察官は、この頃に証人が、工藤会系組幹部から利権絡みの接触を受けていたとする証言を引き出していった。

1996年にハブポート構想が発表されるとまもなく、まず電話があったのだという。

「会いたいから出てきてくれと、2回ほど(電話があった)。指名停止を受けたばかりだし、それはできませんと断ったら、『お前の会社の近所まで行くから出てこい』と。仕方ないから出て行きました。車に乗れ、と言うので、運転席の後ろに座った。組幹部は『いよいよ脇之浦で大きな仕事が始まる。お前と国弘と（上野）忠義たちがターゲットになっている。わかっているだろうな』と言われました」

本書の2章でも触れたことだが、響灘ハブポートのことを言っているのだとすぐに察したそうだ。このときは「申し訳ないけどお付き合いできません」と断った。

その後に出所した国弘さんは、小倉北区のクラブ前で銃で撃たれて殺害されてしまうことになる。連絡を受けて病院に駆けつけたものの、即死に近かったので死に際は看取《みと》れなかった。

「こんな年老いた父を殺すのか……」

怒りを覚えながら、その死を悲しんだ。

四十九日が終わったあと、今度は田上被告から連絡があり、「20年、30年と警察とやっていくつもりか。オモテを歩けるようにせんといけん」とも言われたのだそうだ。

こうしたやり取りがあったことを検察官に初めて話したのは、工藤会壊滅作戦が始められ、野村、田上両被告が逮捕されたあとのことだった。検察官の質問に答えるかたちで、証言に踏み切った心境については次のように語っている。

「野村さん、田上さんが逮捕され、警察関係者も本気だと思った。知っていることはすべて話し、少しでも役にたちたいと思いました」

延べ88人の検察側証人が出廷

この後も週に2回のペースで公判は開かれ、検察側の証人が次々とビデオリンク方式で証言していった。

公判では、検察側の要請だけで延べ88人の証人が出廷している。

検察側が証言してほしいと依頼した際、「そんなことをしたら外を歩けなくなる」と頑《かたく》なに拒まれるケースも少なくなかったというが、検察側も引かなかった。「県警で代々申し送りしてずっと保護する」などと説得していったのだ。

実際に県警は、およそ100人態勢の「保護対策室」をつくり、身辺警護を徹底した。証人をいかに説得するかが課題だったので、検察も警察も全力を尽くした。その結果としての88人である。

捜査員たちがそこまでやったのは、手を尽くして立件したつもりの以前の公判で無罪判決が出された苦い記憶があるからだ。判決が出たあと、傍聴席にいた組員たちが「オラァ」、「見たかあ!」と雄たけびをあげていたときのことは絶対に忘れなかった。ノートに書きつけた「悔しい」という文字を涙でにじませた経験があるからこそ、やれる限りのことをやってきたのだ。

工藤会壊滅作戦を陣頭指揮した県警幹部は「トップが無罪となれば、市民が再び矢面に立たされる。中途半端な捜査は許されない」と自分に言い聞かせつづけたと振り返る。

検察側は、トップの指示を絶対とする工藤会の内情を明らかにし、野村被告らの関与が推認できるように証言を積み重ねていった。その意味では十分な成果を挙げられたといっていいはずだ。

ただし、野村、田上両被告が具体的にどのように事件を指示したかについては証人尋問を通じても見えてこなかった。如何《いかん》ともしがたいところだったのだろうが、そのあたりはマイナス点になっていた。

検察側の証人尋問も終わり、野村、田上両被告に対する被告人質問を残すだけとなった。この公判で野村被告は法廷に大学ノートを持ち込んでいたが、ここまであまりメモを取る姿は見られなかった。自分の状況が切迫しているとは感じていなかったあらわれだともいえるのかもしれない。

始まった被告人質問

２０２０年7月30日、第52回公判で田上被告に対する被告人質問が始まった。翌31日には、野村被告に対する被告人質問も行われている。

初公判から9か月が過ぎ、検察と両被告が正真正銘の直接対決を演じる日が迎えられたということだ。

傍聴席には、前暴力団対策部長でもある尾上芳信刑事部長や暴力団対策部幹部の姿も見られた。

検察、弁護側双方の被告人質問は、公判前整理手続で事件ごとに行うことが申し合わされていた。梶原氏射殺事件、元福岡県警警部銃撃事件、看護師刺傷事件、歯科医師襲撃事件の順に進んでいく。この日はまず弁護人が梶原氏射殺事件について田上被告に質問し、被告の主張を聞いていくことから始められた。

弁護人：梶原国弘さんが射殺された事件への関与は？

田上被告：いっさい関与しておりません。

弁護人：起訴状では共謀したと書かれているが、計画や指示は？

田上被告：いっさいありません。

弁護人：事件当時、田中組での立場は？

田上被告：3代目田中組の若頭をしていました。

弁護人：当時、田中組の組員のなかでおかしな動きは？

田上被告：いえ、別段ありません。

弁護人：事件後に知ったことを含め、誰が殺害したのか、計画したのか。考え得ることは？
田上被告：いえ、まったくわかりません。

いつもどおり黒のスーツ姿の田上被告は、落ち着いた様子だった。弁護人の質問には丁寧な口調で答えていった。

事件への関与を否定していくだけなのだからよどみはなかった。質疑はテンポよく進んでいき、弁護人は、元組合長射殺事件の核心ともいえる響灘ハブポート構想についての質問も始めた。

弁護人：ハブポート構想に関心はあったか？
田上被告：いえ、別段ありません。
弁護人：田中組が組として、ハブポート構想や漁協の利権について関心はあったか？
田上被告：いえ、そういうことはありません。
弁護人：ヤクザも収入が必要ですよね。
田上被告：そうですね。

弁護人：組全体で関わるシノギはあるのですか？

田上被告：シノギは個人ですることで、組全体ですることはありません。

弁護側の尋問は5時間に及んだ。

尋問が1時間を超えた頃から田上被告が咳《せ》き込む場面も見られた。疲労の色を隠せず、休廷時には腰をさすりながら被告人席に戻っている。

「言いたくない」、「わかりません」

続いて、検察官が質問に立った。

検察官：野村被告のことをどう思っているか？

田上被告：好き。人間として好きというのがいちばん的確じゃないですかね。尊敬もしてます。

検察官：本家（野村被告宅）にはいつから行っていた？

田上被告：理事長になってからほぼ毎日。私の親方ですし、挨拶をするようには（していました）。歴代、そうじゃないでしょうか。

野村被告に対する忠誠心の強さはここでも確認された。

田上被告が工藤会会長になったあと、野村被告から「(毎朝の挨拶には）もう来んでいいぞと言われたのではないか？」と質問された際には、こう答えている。

「顔も合わせないのはさみしいことでしょ。『そう言わんで、挨拶させてください』と言いました」

検察官はシノギに関しても質問していった。

検察官：若頭としてのシノギは？

田上被告：言いたくない。

検察官：なぜか？

田上被告：私に近い人に迷惑がかかるかもしれない。

検察官：組長になってからのシノギは？

田上被告：言いたくない。
検察官：上納金をもらっていたのでは？
田上被告：ありません。
検察官：建設会社の知り合いは多いですよね。
田上被告：3人くらいでしょ。
検察官：他にもいるでしょ。
田上被告：そらどうでしょうね。言いたくありませんね。

弁護側の質問に答えるときと比べればぶっきらぼうで、回答そのものを拒んでしまうことも目立った。

工藤会が一時期、建設会社などから「工事費の1～5％を受け取っていた」という組関係者の証言を確認しようとしても、「わかりません」とそっけなく答えるだけだった。

田上被告の初日の被告人質問は、休憩を挟みながら午前10時から午後5時まで続いた。検察側の質問で目立った成果はなかったようにみえるが、検察は〝鉄の結束〟を立証するパズルのピースをひとつずつ積み上げようとしていたのだ。

「総裁」に権限はあるのか？

翌31日には、野村被告に対する被告人質問が始まった。
この日もまずは弁護側から質問を始めた。

後藤弁護士：平成10年2月18日に梶原国弘さんが射殺された事件について、野村さんは指示、命令をしたことがあるか？
野村被告：いや、ありません。
後藤弁護士：承諾を求められたことは？
野村被告：いや、ありません。
後藤弁護士：そのほか関与したことは？
野村被告：ありません。

田上被告と同じように事件への関与を否定するだけに近い。

そうしたやり取りがその後も続いた。

後藤弁護士：野村さんと被害者である国弘さんについて聞く。当時、国弘さんを知っていたか？

野村被告：知りません。

後藤弁護士：名前は？

野村被告：名前くらいは聞いたことがあります。

後藤弁護士：どんなふうに？

野村被告：神戸にある山口組の梶原組の若い者だと聞いた記憶はある。

後藤弁護士：国弘さんと漁協との関係は？

野村被告：知らない。

野村被告は、弁護人の質問に答えるかたちで、工藤会に加入したときからの〝渡世歴〟についても話している。早い段階の経歴についてはここでは割愛するが、工藤連合と草野一家が合併した1987年には本部長になっていた。このとき工藤玄治が総裁のポストに就き、草野高明は総長になっている。
この裁判では「総裁」というポジションに実質的に権限があったのかどうかが重要な争点になってくる。弁護人は工藤総裁の実質的な権限についても確認している。

後藤弁護士：総裁という役職ができたいきさつは？
野村被告：工藤会の初代（工藤玄治）は「合併したので引退する」と言ったが、草野さんが「名前だけでも残してください」と言って、それで総裁となりました。
後藤弁護士：総裁としての工藤玄治さんの権限は？
野村被告：いっさいないです。
後藤弁護士：口出しすることは？
野村被告：いっさいないです。
後藤弁護士：工藤さんの身の回りの世話はしていたのか？
野村被告：当番で面倒をみていた。功績のあった人なので家の掃除をするとかですね。
後藤弁護士：権限がなく口出しもしない人なのに、なぜ世話をするのか？
野村被告：いままで功績があった人。みんな、大事にするつもりだった。

遺族の証言などはことごとく否定

一連の公判で元組員や梶原氏の遺族は、野村被告と梶原氏のあいだにはさまざまな接点があったと証言していた。

梶原氏の遺族は、草野氏を病院で看取ったときに野村被告とも会っていて、北九州市内の飲食店で一緒に食事をしたことがあるとも話していたのだ。

その点についても弁護人は、野村被告に確認している。

後藤弁護士：野村さんが（草野氏を）見舞いに行ったのは？

野村被告：１回だけですね。危篤になったときです。

後藤弁護士：なぜ行ったのか。

野村被告：溝下さんから「すぐ来るように」と連絡があった。

後藤弁護士：草野さんの容体は？

野村被告：意識不明だった。行って10分以内くらいで亡くなった。

後藤弁護士：梶原国弘さんと遺族は？
野村被告：全然おりません。
後藤弁護士：遺族の証言は？
野村被告：全然、嘘です。
後藤弁護士：次に飲食店での会食について。遺族は「父と私、野村さん、田上さんと会食をした」と証言している。このような事実はあったか？
野村被告：いっさいありません。

検察が得ていた証言をことごとく否定していくだけだった。

田上不美夫のことは信頼している

弁護側に続いて、検察官が質問に立った。
田上被告との関係性を問うため、野村被告がトップに立っていた時期の田中組で田上被告を若頭に抜擢した経緯などを確認している。

検察官：田上さんを田中組の若頭にしたのは誰か？
野村被告：私がしました。田中組も年寄りばっかりやったんで、若手でやってほしいと思っていた。そのなかで代表的に田上を指名しました。
検察官：田上さんは、どんなところがふさわしいのか？
野村被告：田中組一門、みんなに信頼されていました。
検察官：抜擢した理由は？
野村被告：まじめですよね。
検察官：田上さんを信頼していたのか？
野村被告：信頼してましたね。
検察官：どこが信頼に足るところなのか？
野村被告：皆から信頼される人物でしたからね。
検察官：信頼、期待を裏切られることは？
野村被告：別にないです。
検察官：いまに至るまで信頼しているか？

野村被告：しています。

記憶にないです

元漁協組合長（梶原氏）射殺事件ではやはり港湾利権が焦点になる。検察官は前日に続いて、巨額の漁業補償が発生した響灘ハブポート構想について問い質《ただ》した。

検察官：響灘ハブポート構想は知っていたか？
野村被告：知りません。
検察官：報道されていたと思うが……。
野村被告：記憶にはないです。
検察官：ピンとこないか？
野村被告：きませんよ。
検察官：漁業補償が七十数億円とも報道されている。
野村被告：漁業のことなんかいっさい興味ないですからね。

検察官：（梶原氏の遺族は）「工藤会系組幹部から会いたいと言われ、『おまえらがターゲットになっている。連絡をくれ』と言われた」と証言している。組幹部に接触するよう言ったか？

野村被告：（鼻で笑いながら）全然ありません。

検察官：工藤連合内でターゲットにしているという話とか。

野村被告：そんなことありません。つくりごとです。

野村被告はこの日、およそ落ち着いてやり取りに応じていたが、検察側の質問に対して、一度だけ語気を強めた場面があった。それは、元組員の証言に関する質問を受けたときのことだ。検察官に「なぜ元組員が嘘の話をするのか」と聞かれると、表情を険しくして、感情的に答えた。

「検事さん、（元組員が）病気したときに（捜査側から）生活保護をもろてやる、と言われたんでしょう。普通は保護なんてすぐに出ませんよ。『協力してやったから、嘘ごと言え』と言われ、そういう調書を作ったとしか思ってませんよ」

この2日間の被告人質問で両被告が答えたことは、関係者の証言と根底から食い違っている部分が多かった。

どちらの話が信用できるのか。

供述の信用性が判決の最大の焦点となることはこの時期からはっきりしていた。

元警部と「トラブルになったことはない」

8月4日の第54回公判では、元福岡県警警部銃撃事件について野村被告に対する被告人質問が行われた。

これに先立つ第26回公判では、事件の実行犯の公判（2017年）における元警部の証言が再生されていた。2009年に元警部が工藤会関係者と話しているとき、野村被告を批判した会話が録音されていたことから、野村被告から直接、不快感を示されたことなどを証言していた。続く第27回公判では、元警部がビデオリンク方式で証言した。銃撃直後の心境について「野村被告のことが頭に浮かんだ」というように回顧した。

これに対して、弁護側は「異議」を連発して対抗していた。

そういう流れがあったことを受けての第54回公判だ。

これまで同様、まず弁護人が質問に立った。

弁護人：事件があった平成24年4月、あなたの役職は？

野村被告：総裁です。

弁護人：5代目工藤会における総裁の権限は？

野村被告：総裁は初代から権限はありません。

弁護人：権限はないのか？

野村被告：権限は私にありませんし、口出しもいっさいありません。（会の運営には）いっさい関わってない。隠居ですね。

被害者の元警部のことはいつから知っているかという問いに対しては、1980年代だと説明した。元警部から直接、取り調べを受けたことはなかったが、勾留中に取調室で雑談をしたことなどはあったとも答えている。

弁護人：被害者とトラブルになったことは？

野村被告：ありません。
弁護人：被害者のことを恨みに思うようなことは？
野村被告：ありません。
弁護人：被害者は平成21年4月21日にゴルフ場で会ったときに、野村被告から「悪いもん残したな」と言われたと証言している。
野村被告：絶対、そんなことありません。

野村被告と被害者の元警部の証言は完全に食い違っていた。
次には検察官が質問に立ち、元警部との関係を問い質した。

首を突っ込む立場ではない

検察官：被害者が現職警察官だった頃の関係は、ほかの警察官とは違ったか。
野村被告：全然、親しみが違っていた。取り調べを受けたこともないし、笑顔でいつも挨拶も雑談もしてました。

検察官：被害者の証言によると、平成15年から平成22年まで、最高幹部（＝野村被告）と話せるのは自分と巡査部長だけだった、と。巡査部長のことは知ってる？

野村被告：わかります。（元警部のほうが）親しかった。（巡査部長は）すごくええ人やなと感じていたけど、あまり接触しなかった。

検察官：事件はニュースで知った？

野村被告：はい。

検察官：撃たれた人はすぐわかった？

野村被告：名前が出とったと思います。ニュースを見てわかりました。

検察官：どう思った？　縄張りの中で起きた事件。暴力団が起こした事件と思った？

野村被告：工藤会のもんが関与してなければいいな、と。

検察官：工藤会の人が関わったとは思わなかった？

野村被告：ないこともないです。

検察官：犯人が誰か思い当たることは？

野村被告：ありません。

検察官：犯人を知りたいとは思わなかったか。

野村被告：いえ。首を突っ込む立場でもないし。どうしたんかな、くらいしか考えられんです。

検察官：誰がやったのかなとは思わなかったか。

野村被告：それは思いましたけど、口出しすることじゃないので。

検察官：田上被告に聞いたことは？

野村被告：ありません。

看護師襲撃を指示することは「あり得ない」

次は女性看護師刺傷事件に関する被告人質問となった。

野村被告は被害者の看護師とのあいだでトラブルがあったことは認めたが、いっとき頭にきただけのことで、逆恨みから襲撃を指示することは「あり得ない」と言い切った。

脱毛施術のあと、患部が火傷しているようになり、実際に痛みはあったとも供述している。クリニックに行って、他の看護師に「レーザーの出力をわざと強くしたんやないか」「（あの看護師は）良心的やない。ああいう人になったらいけんよ」と話してはいたが、それ以上のことは何もなかったと主張する。

その夜のうちに当の看護師（被害者）から電話があり、「治療の仕方が悪くてすみませんでした」と謝られたというのである。

「自分にも原因があったと納得し、かなりすっきりした」

「（その後は）いっさいわだかまりもなく、きれいな気持ちでいた」

というのが野村被告の言い分だ。

工藤会系組員がこの事件で立件されたことについては「（襲撃を知っていたら）止めている。お世話になっとる看護師に危害を加えるのはとんでもない」という言い方をした。

歯科医師刺傷事件も「否定」に終始

第58回公判からは歯科医師刺傷事件についての被告人質問が始まった。田上被告も野村被告も、弁護側の質問に答えるかたちで事件への関与を全面的に否定している。

弁護人：歯科医師事件に関与は？

田上被告：いえ。いっさい関与してません。
弁護人：起訴状では共謀してやった、と。殺害を計画したり襲撃を共謀したのか？
田上被告：いえ、いっさいありません。
弁護人：誰が計画したのか？
田上被告：いえ、わかりません。
弁護人：歯科医師襲撃の動機、理由はあなたにあるか？
田上被告：いえ、まったくありません。
弁護人：目的は歯科医師の父への脅しだと検察官は主張している。脅す動機や理由はあるか？
田上被告：いえ、まったくありません。
弁護人：脅して何か得られるかを理解できるか？
田上被告：いえ、私には理解できません。

田上被告に続く野村被告とのやり取りも内容はそれほど変わらなかった。野村被告の場合はやはり、すでに自分は一線を退いている身だということを強調していた。

弁護人：歯科医師事件で指示、命令したことは？
野村被告：ありません。
弁護人：承諾したことは？
野村被告：ありません。
弁護人：指示、命令、承諾以外にも関与したことは？
野村被告：まったくありません。
弁護人：被害者を知っているか？
野村被告：知りません。
弁護人：梶原国弘さんの息子で（法廷で証言した）遺族の長男だ。
野村被告：知りません。
弁護人：事件はどのようにして知ったのか？
野村被告：新聞報道で見た感じ。具体的なことはもう覚えていません。
弁護人：組関係者に聞いたことは？
野村被告：聞いていない。いっさい気にならないわけではないが隠居の身。立ち入らないようにしていたから聞きません。いっさい関わらんということを心に決めて生きてます。

死刑に処するのが相当

野村、田上両被告は、8回の被告人質問で4事件すべてへの関与を否定し続けた。59回の公判を経て、2021年1月14日に論告求刑公判を迎えている。

指定暴力団のトップに死刑が求刑されれば、おそらく史上初めてのことだ。

検察側の主張からすれば死刑求刑が妥当だとしても〝両被告が誰に何を指示したのか〟といった部分での具体的な中身は公判で明らかにされることはなかった。

死刑を求刑するならどんな論理で求刑するのか。

工藤会壊滅作戦の着手以前から、工藤会が絡んだ一連の凶悪事件の取材を続けていた我々は、さまざまなことを頭に巡らせながら法廷に向かった。

「死刑に処するのが相当」

検察側はやはりそう求刑した。

その言葉を聞いても、野村被告は表情を変えなかった。

想像ができていたから動じずにいられたということなのか。心の内を窺い知ることはできなかった。

この後すぐ何人かの記者は速報を会社に伝えるため法廷から駆け出していった。

検察側は、野村被告は自ら手を汚すことなく、「黒幕」として各事件を指示したと主張した。「狡猾《こうかつ》、卑劣」、「悪質性の元凶」などと厳しい言葉を並べ、一般市民を繰り返し狙った異例の犯行だと非難している。

論告では、工藤会には上意下達の厳格な組織性があることも強調された。

4事件は計画的、組織的に行われており、「最上位者である野村被告の意思決定が工藤会の意思決定になる」という論旨である。

田上被告については「野村被告とともに工藤会の首領を担い、相互に意思疎通して重要事項を決定していた」と位置付けた。

野村被告らに事件の動機があったとして、共謀が認められる、ということである。

「極刑をもって臨まなければ社会正義を実現できない」

個々の事件については、次のようにまとめている。

元漁協組合長（梶原氏）射殺事件に関しては、北九州市の大型公共事業をめぐって、元組合長らが工藤会の利権介入を拒んだことが背景にあり、「犯行の目的は被害者一族を屈服させ、意のままにすることにあった」とした。

歯科医師刺傷事件については梶原氏の孫だったことから「見せしめとして襲撃した」。元福岡県警警部銃撃事件に関しては「長年の工藤会捜査に対する強い不満があった」と総括。女性看護師刺傷事件では「野村被告が受けた下腹部手術に関する看護師の術後対応への怒りが原因」とした。

野村被告に対する死刑求刑の理由については「人命軽視の姿勢が顕著で、継続的かつ莫《ばく》大《だい》な利益獲得をもくろんだ犯行である元組合長事件だけでも、首謀者として極刑の選択が相当」、他の3事件もふまえて「極刑をもって臨まなければ社会正義を実現できない」と締め括っている。

検察側がこうした主張をしている途中で、野村被告が配布された論告の書面から目を離して、ため息をつく場面も目にされた。

「野村被告の意思決定が工藤会の最終的な意思決定になる」ということが強調されたときなどがそうだった。推認だけで話をまとめようとするのはいい加減にしてほしいという気持ちを示したかったのではないかと思われる。周囲へのアピールのニュアンスがあったのだとしても、実際にうんざりしているところはあったのかもしれない。

公判後の野村被告の様子について、弁護人の一人は「淡々としていましたね」という言い方をしていた。

納得のいかない表情などはみせていても、ショックや絶望の色はにじませず、声を荒らげることもなかったのは確かだった。

「これで有罪となれば司法の壊滅だ」

2021年3月11日。両被告の最終弁論が行われ、裁判は結審した。

野村被告の弁護人は最終弁論ではこう切り出していた。

「4事件とも直接証拠はなく、間接証拠から両被告の関与を推認できるかどうかが問題となる。検察側の主張は、意図的に誤った事実を導いている」

弁護側が反論に最も時間を割いたのは、4事件のうち唯一の殺人事件であり、量刑を決するうえでも比重が大きくなる元漁協組合長（梶原氏）射殺事件だった。

検察側が立証の柱としたのは、元組合長の遺族の新証言であり、事件前後に工藤会側から利権を求める圧力があった、ということだった。これに対して弁護人は、事件から約半年後の取り調べでは、そうしたことを話していなかったことを指摘して、「新証言は後日につくられた虚構であるか、歪曲《わいきょく》されている可能性も大きい」と主張した。

最後まで対決姿勢を崩さなかったわけである。

壊滅作戦開始からは6年6か月が経っていた。

約3時間半に及ぶこの日の公判が終わったあと、弁護人は報道陣に対して次のように力説している。

「証拠がまったくない異様な裁判。これで有罪となれば司法の壊滅だ」

初公判の日の冒頭陳述と大きくは変わらない言葉だった。

これから私たちに問われること

検察側と弁護側ではどちらの主張が受け入れられるのか。

相容《あいい》れるところがなかった関係者と両被告の供述はどちらが信用に足るのか……。

ひとまずの結論が出されたのが２０２１年8月24日である。

序章にまとめたとおり、この日、野村被告には極刑が告げられている。

多くの人がこの判決を評価している現実も最初に記しているが、この判決に対する見方がひととおりではないのは当然である。

弁護人が言うように「司法の壊滅」にあたるのかはともかく、〝間接証拠を積み重ねての推認〟によって有罪が認められた事実は、今後、他の事件の判決にも影響を及ぼすことになるはずだ。

このことについて、刑事訴訟法が専門の九州大法科大学院の田淵浩二《たぶちこうじ》教授に尋ねてみると、次のように答えてくれた。

「間接証拠だけで死刑判決を導いた事件もありますが、立証のハードルが低くていいわけではありません。直接証拠がある場合と同等の水準の立証が求められるべきです」

対象が暴力団だからといってその前提は変わらない、ということだ。

そのうえで次のようにも総括してくれた。

「社会情勢や国民の考え方に応じて裁判官の意識や法の論理が変化し、発展するのは自然なことです。司法判断は、国民の意識を反映するものだと考えている。論理上、国民がそれは許されないという意識を強くもっていれば、裁判官は安易な判断はできないはずです。民主主義国家なので、司法が危険な方向に転じるのを防ぐのも国民自身なのではないでしょうか」

何かが終わったように見えても、その結果をどのように受け止めて、いかに先につなげていこうとするか。

それ次第でひとつの出来事の意味合いは大きく変わってくるにはちがいない。

工藤会トップ裁判は、野村被告が弁護団を全員解任するという異例の展開をたどった。

控訴審初公判は2023年9月13日に始まることが決まったが、控訴審でどのような結論が出ようとも、最高裁まで争われるというのが大半の見方で、延長戦は長いものになるはずだ。

それだけではない。

この判決が法の論理にどんな影響を及ぼすのか？

暴力団犯罪との向き合い方は変わるのか？

北九州という街は変わっていけるのか？

工藤会が投げかけてきた課題は少なくはなく、ひとつひとつが非常に重いものだ。

すべての問いかけは、誰にとっても他人事《ひとごと》ではない。

我々はこれからも、工藤会の動向とこの裁判の行方に目を凝らし、伝え続けていく必要がある。

7章　凋落する工藤会

消えた工藤会館

工藤会の本部事務所「工藤会館」は、JR小倉駅から2キロほど離れた住宅街にあった。鉄骨4階建てで、周囲は高さ2メートルほどの高い壁に囲まれていた。要塞のような構えで、周囲を威圧する建物だったといえる。3階には特別な行事のための100畳を超える大広間が設けられていた。月1回の定例の幹部会はそこで開かれ、12月に行われる恒例行事「事始め」には、約400人の組員が一堂に会する。黒塗りの高級車から黒いスーツ姿の組幹部らが次々に降りてくるのだから、映画のような場面が目の当たりにされていた。市民からは〝暴力の象徴〟とも言われ、近づく人はほとんどいなかった。遠巻きに見ているだけでも緊張が伝わってきたものだ。

幹部会や警察の家宅捜索のたびに、記者たちもこの会館に駆けつけた。野村、田上両被告が逮捕される前は、周囲を警戒する警察官を尻目《しりめ》に「かっこよく撮ってくれや」と、報道陣のカメラに向かってポーズを決める組員もざらにいた。

先にも触れたことだが、この建物の解体が始まったのは2019年11月22日のことだ。

曇り空の下で報道陣が列をなして見守るなか、解体業者の大型重機がロングアームを振るった。

バキバキと大きな音を響かせながら、「KUDOUKAI　KAIKAN」とアルファベットで刻まれた金属製の看板がもぎ取られた場面を見たときは、歴史が動く瞬間に立ち会えているようにも感じられていた。


解体作業が始まった日から我々は毎日、現場に通った。

本部事務所が日ごと解体されていく様子を写真と動画で撮影して、ウェブでも報じていたのだ。看板をもぎ取ったときのインパクトは強かったが、重機が鉄骨の建物を崩していく過程は記録しておく価値があるものと考えていた。

約3か月後、本部事務所の建物は跡形もなくなり更地となった。

数年前には想像すらできなかった光景が目の前に広がった。

最近、近くに住む人に話を聞いてみた。

子供の頃から近くに住んでいるという80代の女性は「組員を目にすると、怖くて仕方がなかった。事務所ができてから、周りの人から『危なかところだ』とよく言われた。それがようやくなくなる」と、安堵《あんど》の表情を浮かべていた。

2014年11月に暴力団対策法に基づく使用制限命令が出されて以来、組員の出入りは途絶えていたとはいえ、建物が撤去されたことで住民たちが安堵したのは当然だった。

失われてきたものを取り戻す

福岡県警とともに本部事務所撤去の先頭に立ったのが北九州市役所だった。

かつて「鉄都」として栄えた北九州市は、製造業の海外移転などで衰退が著しい。2020年の国勢調査では、前回調査から人口が約2万2000人減少しているという全国ワーストの結果をつきつけられた。止められない流れとして高齢化も進んでいる。

北橋健治氏（2007年2月から2023年2月まで北九州市長を務めた）は〝暴力の街〟〝修羅の国〟というイメージを払拭《ふっしょく》できなければ、市の未来はひらけないと腐心した。

前市長自身、脅しや暴力と無縁だった人物ではない。2010年3月には、家族に危害を加えることをほのめかす脅迫状が市役所に届いていた。

当時の状況について次のように振り返る。

「自分は決意を固めていたが、家族は心配していました。この時期、市民を標的にした悪質な事件が多発していて一番の試練だった。相次ぐ事件は企業誘致の大きなブレーキになりました。北九州をいまも危険な街だと思っている人は多い。安全になったことを伝え、これまで失われてきたものを取り戻していきたいですね」

市は2018年末に、工藤会の事務所撤去に取り組むプロジェクトチームを立ち上げた。トップには副市長が据えられていたが、工藤会との交渉を担ったのは、市安全・安心推進部の日々谷健司《ひびたにけんじ》課長（当時）だった。長く映画ロケの誘致などで市のイメージアップに取り組んできていながら、なかなか負の印象を拭《ぬぐ》えず苦しんできた人でもある。

工藤会側は資金に窮していたので、本部事務所を売却して事件被害者への賠償金に充てたいという考え方をするようになっていた。

日々谷氏をはじめとするプロジェクトチームのメンバーは市内外の企業や団体30社以上を回って買い取りを打診したが、「いい土地だけど（工藤会からの）仕返しや嫌がらせが怖い」などと断られ続けた。

あきらめずに企業回りを続けているなかで、福岡県内のある民間企業が購入に手を上げてくれた。暴追運動推進と市の発展を考えてのことだった。

暴力団の所有する土地を買収するのに、民間の人たちが二の足を踏んでいたのは当然といえる。市が一度買収して転売する案もあったが、そうすると、「工藤会への利益供与に当たる」、「暴力団に税金を支払うのか」といった批判が起きかねない。

そのため、買収交渉には福岡県警と北九州市が関与し、いったんは福岡県暴力追放運動推進センターが買い取るが、すぐに民間企業に転売するかたちがとられることになった。売却益は、市が事務局を務める「市暴追推進会議」が管理して、被害者に支払っていく仕組みをつくったのだ。

この方法であれば、売却益が暴力団側に渡ることはなく、批判は生じない。

前例のない枠組みであり、有識者からは「北九州方式」として注目された。

日々谷氏は「本部事務所の撤去は、北九州市民が長年勇気を持って取り組んできた暴追運動の大きな成果です。全国に向けて安全になった北九州市をアピールできました」と強調する。プロジェクトチームの努力や民間企業の協力があってこそ、本部事務所の解体にこぎつけられたのだ。

「暴力の象徴」から「助け合いの拠点」へ

本部事務所の買収を表明した福岡県の民間企業が跡地の活用方法を検討しているうちに、意外な団体が2020年2月に購入を表明した。

北九州市八幡東区のNPO法人「抱樸《ほうぼく》」である。

抱樸は、東八幡キリスト教会牧師の奥田《おくだ》知志《ともし》さんが理事長を務め、長年、ホームレス支援に取り組んできた団体だ。社会とのつながりを重視した伴走型の支援は、全国から注目されている。

奥田理事長が誰もが利用できる総合福祉拠点とする考えを示すと、北橋市長はすぐさま「暴追運動の成果としての跡地利用にふさわしく、応援したい」と表明した。

〝暴力の象徴〟から〝助け合いの拠点〟へ。

地域のイメージチェンジへの期待は膨らんだ。

跡地活用を決めた動機のひとつとして、奥田さんはあるエピソードを打ち明けている。

30数年前、当時は不良少年らによる「ホームレス狩り」が市内で頻発しており、奥田さんが支援する人たちも被害に遭っていたという。

その日も、「なんとかしてくれ」と訴える被害男性を保護した。中学生に襲われたという。「ひどいことをするな」と思っていたところ、男性は奥田さんに訴えた。

「真夜中にホームレスを襲撃する子供たちは、家があっても帰るところはない。誰からも心配されていないんじゃないか。そういう人の気持ち、俺はホームレスだからわかる」

奥田さんはこの言葉に衝撃を受けた。中学生には、帰る家（ハウス）はあっても、帰るところ（ホーム）が無い。加害者と被害者は、同じ「ホームレス」の十字架を背負っているのではないか……。

実は、この男性が被害に遭った場所は、工藤会本部事務所跡地のすぐそばだった。

奥田さんは今でも「あの中学生はどうしているだろうか……」「もしかしたら、暴力団事務所に身を寄せたのかもしれない」と思い出すことがあるという。「帰るところのない人たちの居場所と出番をつくる。30年来の宿題だ」と奥田さんは言う。

抱樸は「希望のまちプロジェクト」を立ち上げ、福祉政策に詳しい村木《むらき》厚子《あつこ》・元厚生労働省事務次官を顧問に迎えて、市民も交えながら跡地利用の検討を進めた。

２０２２年11月７日に奥田理事長は、これから整備していく福祉施設「希望のまち」の詳細を発表している。

施設の核となるのは、３、４階に設ける救護施設だ。障害者や高齢者といった枠組みを超えて困った人は誰でも入れるシェルター的な役割を担えるようにする。１階には地域の交流拠点となる大ホールを設け、子どもの学習支援やイベントなど多様な用途を想定し、総合的な相談窓口も設ける。子ども食堂や支援センター、相談所なども置く。

完成・開業は２０２４年秋を予定している。建設費約３億円のうち、これまでにクラウドファンディングと寄付で２億円近くを集めた。

社会での孤立が問題となるなか、人のつながりを深められる施設を目指しており、奥田理事長は「地域共生社会のモデルを全国に先駆けて完成させたい」と意気込みを語る。

希望のまちをつくっていくことで地域がどのように変わっていくのか。

これからの展開が楽しみだ。

ひと筋の光明

2021年10月には、本部事務所の西側にあった田中組の事務所も撤去されたということも前述している。その後、小倉の歓楽街にあった事務所も撤去が始まった。

主要な3つの事務所がなくなったことで地域の印象は大きく変わった。

ひとつは小倉の住宅街、もうひとつは繁華街のど真ん中にあり、野村、田上両被告の逮捕後に使用制限命令が出されるまで、どちらの事務所にも組員が頻繁に出入りしていた。組員たちはかつて、黒服姿で集団になって夜の繁華街を練り歩く「夜回り」をしていた。縄張りで自らの存在を誇示する行動だったのだろう。繁華街にあった事務所は「夜回り」の拠点として使われていた。市民にとってはある意味、前述の「工藤会館」に比べ、「より身近な」恐怖の対象だったとも言える。

驚いたのは2020年7月に発表された路線価だ。本部事務所跡地西側の地点で前年から5・6%も上がり、9万4000円となっていた。

地価上昇の背景について不動産鑑定士に聞いてみると、「工藤会の事務所撤去による影響が大きい。小倉の都心部に近く、開発が進めばさらに価値が高まる可能性がある」とのことだった。

最寄り駅は北九州モノレール香春口三萩野駅《かわらぐちみはぎの》（北九州市小倉北区）で、モノレールを利用すれば、小倉駅まで4分で行くことができる。北九州都市高速道路の出入り口も近い。アクセスは抜群の立地だが、本部事務所の撤去がこれほどストレートに路線価に反映されるとは思ってもみなかった。工藤会のひざ元になっていた事実はそれだけ地域にとっては大きなマイナスになっていたということだ。

工藤会の影が薄れたことによって地域の経済も動き出したわけである。

最近はマンションなどの建設現場も目につくようになっている。

地元の不動産業者は「宅地開発にはもってこいの場所なので」と手応えを口にしていた。駅周辺ではこの3年間で地価が2割上昇したところもある。

事務所があった神岳《かんたけ》地区に長く住む70代の男性に話を聞くと、「暴力団員の姿を見ることがなくなり、安心して暮らせている。若い人たちがたくさん住む、活気があふれる街になってほしい」と明るい表情をみせてくれた。

少子高齢化、人口減少が進む北九州市にとっても、この地域の変化はひと筋の光明になっている。

東京ガールズコレクションが定着

「修羅の国」と揶揄されてきた北九州市のイメージも、着実に変化している。

中でも地元政財界が驚いたのが、野村、田上両被告が逮捕されて約1年後の2015年から北九州市でも開催されるようになった「東京ガールズコレクション」（TGC）だ。TGCは、国内のトップモデル数十人が出演し、若い女性を中心に1万人以上が来場する、言わずと知れたビッグイベント。2005年以来、春と秋に首都圏で開かれており、地方都市で行われるのはまだ多くなかった。

「北九州の魅力アップに」と北九州市が誘致に乗り出したものの、当然ながら、誘致交渉では市内の治安がネックになった。

誘致担当の職員は交渉相手から「本当にやれますか。ロケット砲や手榴弾とか、普通なんでしょ」と言われ、交渉のたびに壊滅作戦の進展を説明し、凶悪事件が途絶えたことなどを繰り返し訴えた。熱意が伝わり、実現にこぎ着けた際には、「まさか北九州での開催を受け入れてもらえるとは」と、多くの地元市民も驚きをもって喜んだものだ。「壊滅作戦なくして誘致はなかった」。北橋健治・前北九州市長もそう振り返る。

元漁協組合長の梶原国弘さんや上野忠義さんが凶弾に倒れるなど、漁業利権を巡る凶悪事件の舞台となった若松区に面する響灘沖では今、25基もの洋上風力発電を整備するビッグプロジェクトが展開されている。完成すれば西日本最大級の規模となり、市は「環境ビジネス」として新たに力を入れているのだ。市を挙げて推進するＳＤＧｓ（持続可能な開発目標）の象徴的な場所ともなっているのだ。

北九州市が壊滅作戦着手後に力を入れ始めたＩＴ企業誘致も、２０２１年末までに87社（市内の新増設含む）と着実に成果を出している。北九州市による毎年の市民アンケートでも、市政運営の評価で『防犯、暴力追放運動の推進』が２０１５年度から7年連続１位になった。

「事件が繰り返し全国放送され、結構やばい街だと思っている国民がまだ多い。ただ治安は劇的に改善した。市民の体感治安の向上を発信することが、企業の投資や観光客を増やすことにつながる」。北橋健治・前北九州市長は西日本新聞の単独インタビューで、壊滅作戦後の街の変化に対する手応えをそう語っている。

ヤクザではもうメシが食えない

小倉の街では、暴力団風の男を見ることはめっきりと少なくなった。街のイメージアップにとっては望ましいことだ。

一方で、組を辞めた人たちがどう過ごしているのかは気になっていた。

２０１４年の工藤会壊滅作戦開始以降、福岡県警の記者クラブでは、工藤会系組員を逮捕したという情報は日常的に発表されるようになっていた。報道しているのは、重大事件など一部の情報に過ぎない。

周辺者まで含めた工藤会の勢力は２００８年末がピークで、１２１０人にのぼった。その後はずっと右肩下がりになっていて、２０２１年末には３７０人にまで減っている。ピーク時と比べれば、約３割にまで減少している。

福岡県警の幹部に聞くと、「いま残っている組員の多くも服役中で、実質的な勢力はもっと少ない」とのことだった。

暴力団との縁を切った人たちは、自分がいまどうしているかを暴力団側に知られたくないものだ。そのため、匿名であってもなかなか取材に応じてもらえない。しかし、トップ裁判の福岡地裁判決が出される前に、これまでのツテをたどって、あらためて取材をお願いしていくと、何人かの話を聞くことはできていた。

数年前まで工藤会系組員だった50代の男性、Aさんは、日焼けした顔の皺《しわ》に苦労がにじみ出ていた。高校を中退後、先輩に誘われて21歳で組員になった人だ。いつも派手に飲み歩いていて、よくおごってくれる先輩の姿に憧《あこが》れたのだという。

北九州市内外の飲食店からみかじめ料を集め、月に150万円以上稼いでいた時期もあったのだそうだ。肩で風を切り、小倉や八幡の夜の街を闊歩《かっぽ》していた。

転機は2014年9月に始まった工藤会壊滅作戦だった。

市民への襲撃事件で組幹部や組員らが続々と逮捕され、付き合いがあった飲食店関係者たちの目も冷ややかになった。

「付き合えない」

「縁を切る」

周囲からは距離をおかれた。

稼げなくても組への上納金は支払わなければならない。生活苦に陥り、車も売った。

「北九州では、もうメシが食えない」

ヤクザ業に見切りをつけた。

所属していた組の幹部に「家族を食わしていけない」と直訴して、組を離れた。

いまは土木関係の仕事に就いている。若くはないAさんにとってラクな仕事ではなく、収入はかつての2割ほどになった。それでも「上納金の工面に苦しむ生活から解放されただけで十分だ」と納得している。

その笑顔は晴れやかだった。

「死んでくれ。私も死にたい」という母の手紙

福岡県内に住む40代のBさんは「組のためなら殺人以外は何でもやろうと思っていた」と昔を振り返る。

Bさんは若い頃、ある事件で服役したことがきっかけで組員と懇意になり、組に入った。主なシノギは覚せい剤の密売だった。

組織内では表向き、「覚せい剤は御法度」とされていたが、実際は「目をつぶっている親分が多かった」と打ち明ける。多いときで月に２００万円を稼ぎ、組には毎月20万円を上納した。高級外車を４台も乗り換えた。「刑務所に入ったときにも、工藤会系組員というだけで他の受刑者から恐れられた」という。

工藤会壊滅作戦が始まると、付き合いがあった建設業者などは「警察がうるさいので」と離れていった。組長たちは「カネが続かん」と不安を口にし、組の解散が相次いだ。知っているだけで３人の組員が自殺した。

ある事件で服役中に20年来、連絡を取っていなかった60代の母から手紙が届いた。

「あんたみたいなのがいると家族が生活していけない。顔も見たくない。死んでくれ。私も死にたい」

悲痛な思いが綴《つづ》ってあった。

それでも母親は、こうも書いていた。

「でも、腹を痛めて産んだ子だから、憎いけどかわいい」

涙があふれてきた。そのとき、組を辞めることを心に決めたのだという。

福岡県警の支援を受けて就職先もみつかった。

母親が「早く孫が見たい。長生きするけん」と話すのを聞くと、胸がつまる。いまも組に残っている組員への思いを聞くと、「辞めればきっといい人生になる。自分の将来を考えてほしい」と言葉を嚙みしめるようにしながら話してくれた。

心の底から湧いて出ている言葉なのだと確信した。

感謝の気持ちで「いらっしゃい！」

工藤会を離脱した元組幹部、中本隆《なかもとたかし》さんは2017年6月にJR小倉駅前の京町銀天街《きょうまちぎんてんがい》にうどん店「元祖　京家」をオープンした。

店に入ると、「感謝」という文字がプリントされたTシャツを着た中本さんが、「いらっしゃい！」と大きな声で迎えてくれる。

中本さんは小倉出身で、幼い頃からよく知る暴力団員がいた。両親が共働きで帰りが遅いことが多く、近所のよしみで食事の面倒などをみてくれていたそうだ。中本さんにとって「ヤクザは身近な存在」で、憧れもあったのだという。

20歳の頃から工藤会と関係が深い企業に出入りするようになり、30歳で工藤会傘下組織の組員になった。事務所の雑用や組長の秘書などをこなし、数年で組幹部になった。組のために何度も逮捕されて服役した。

それでも40代半ばとなった２０１０年頃からは組織に疑問をいだくようになった。飲食店関係者や看護師らが襲撃された事件で組幹部らが相次いで逮捕されていたからだ。

「カタギに迷惑をかけないのがヤクザのルール。なぜカタギを襲うのか」と悩んだ。自身も逮捕され、検事からの取り調べを受けるなか、離脱に気持ちが傾き、勾留中の２０１５年に離脱届を組に出した。

１年半後に刑務所から出所し、就職先を探した。

地元の企業の面接を受けても、ことごとく断られた。

福岡県の暴力団排除条例には「暴力団員でなくなった日から5年経過しない者」は「暴力団員等」に括るとする〝元暴5年条項〟があるため、元組員は銀行口座も開設できないケースが多い。給与の振込先すら持っていないのでは雇用主が二の足を踏むのも当然だ。

携帯電話や住まいの契約もなかなかできなかった。

「これまでやってきたことを振り返れば、不平不満を言える立場ではない」

そう思って、自分が置かれている状況を受け入れた。

そのうえで、「小さい頃から食べていたうどんなら作れるのではないか」と一念発起して、常連だったうどん店に頼み込んで一からうどん作りを教わったのだ。うどんは福岡県民にとってのソウルフードのひとつだ。

旧知のビルオーナーが「応援しちゃる」と手を差し伸べてくれ、京町銀天街のテナントに入ることができた。

だからといって最初から歓迎されたわけではない。

この商店街では以前に、競売対象となっていた建物が組事務所のようになっていたことから、商店街で落札して立ち退かせたことがあった。その1か月後に報復として商店街の店に車が突っ込んでくる事件があったのだ。そのため、中本さんが店を出すことで「組員が出入りするようになるのではないか」と不安がる人も少なくなかった。

中本さんは周辺の店舗を一軒ずつ回って頭を下げ続け、商店街の活動にも積極的に参加した。商店街が催したイベントでは、期間中ほぼ毎日、現場を手伝った。

そうした努力の甲斐《かい》もあり、受け入れられていったのだ。

商店街の組合幹部は「更生したい気持ちが伝わってきたので商店街の一員として迎え入れたんです」と振り返る。

中本さんの店で提供するうどんの麺《めん》は、たっぷりとヨモギを練り込んでいるのが特徴だ。店の中はいつも春がイメージされるヨモギの香りに満ちている。

最初は客から「だしが濃く、とがった味」とも言われたが、最近は「マイルドでやさしい味になった」と評判だ。

工藤会のおひざ元で商売をするには、私たちには想像できない苦労があるはずだ。そういうふうに聞いてみても、中本さんは同調しない。

「自分は運良く、周りの支えに恵まれました。感謝の気持ちで小倉に恩返ししたいんよ」

と笑いながら答えてくれるだけだった。

せっかく離脱したなら、暴力団には戻ってほしくない

誰もが新しい道でうまくやっていけるわけではないのはもちろんだ。苦労しながらもなんとかやっていけているのは離脱者のひと握りに過ぎないのが現実である。

元組員の更生の難しさを肌で感じている中本さんは、２０２２年3月に新たな取り組み

を始めた。離脱者の受け皿を目指して、イベント企画などに取り組む合同会社「居場所」を北九州市で立ち上げたのだ。

6月中旬には福岡県行橋《ゆくはし》市の寺で講話イベントを開催し、境内には焼きそばや焼き鳥など6つの出店を並べた。その際、つながりがあった工藤会元組員の男性を誘って、テントの設営などを手伝ってもらうようにした。

中本さんは、刑務所から出て、組を離脱しても、なかなか仕事をみつけることができない後輩たちの苦悩を目の当たりにしてきた。

経営するうどん店には、報道などで中本さんのことを知った元組員が毎月数人訪ねてくるようにもなっていた。ほとんどの人は仕事に関する悩みをもっている。

中本さんは自分の経験を伝えるために本を出し（著・廣末登、『ヤクザの幹部をやめて、うどん店はじめました。―極道歴30年中本サンのカタギ修行奮闘記―』）、人前で話をする機会を増やしている。そういう際にイベントを組み合わせるなどして、離脱者の仕事につなげようと考えているのだ。

活動は始まったばかりで、どうやって収益を確保するかを模索しているところだ。

「せっかく離脱したなら、暴力団には戻ってほしくない。厳しくても更生の道をともに歩みたい」

道は険しいが、中本さんの決意は固い。

北九州市も離脱者を支援

民間企業が離脱者を雇用するのは簡単なことではない。だからこそ公的な支援を充実させることは不可欠になる。

暴追運動の先頭に立ってきた北九州市役所は、その「最終章」として、２０２２年度の一般会計予算に、離脱者の新たな支援策を盛り込んだ。元組員を雇用した事業者には30万円を上限にした資格取得費と20万を上限にした引っ越し代を補助する内容だ。市役所内に窓口を設け、元組員だけでなく、家族などからの相談にも幅広く応じて支援している。

予算案を発表した２０２２年2月10日の記者会見で、北橋市長に対して、このような支援策をとっていく意義を問うと、市民による暴追運動があったことなどから振り返って話してくれた。

「怖い思いもしたなか、頑張った意義は大きい」

「暴追は苦しい道のりだったが、劇的な治安改善は日本の歴史に残ると思う」

そうして感慨深げに語ってくれたうえで、新しい支援策については、「資格をもち、仕事をしっかりすることが元の道（暴力団）に戻らないために重要だ」と説明している。

市民には「元組員の更生を厳しくもやさしい目で見守ってほしい」とも訴えた。

組を離脱しても、受け皿がなければ、暴力団や半グレと呼ばれる反社会的な集団に再び取り込まれる可能性は高くなる。そこをなんとかしたいということだ。

財政難の北九州市が大盤振る舞いをするのは難しいので、予算も約1000万円と大きな額ではない。それでも市が率先して離脱者を支援する姿勢を示していくことの意義は大きいはずだ。

関東進出の影

壊滅作戦で組織は弱体し、北九州市では確かに組員の姿を見かけることは無くなった。

だが、工藤会の組織そのものが壊滅したわけではない。法の網をかいくぐり、社会の地下に潜って活動を続けている組員たちは、当然いる。

千葉県松戸《まつど》市のJR松戸駅から歩いて10分ほどの住宅街にある4階建ての細長いビルは工藤会系の組事務所とされている。近くに住む高齢の女性に話を聞いてみると、「なるべく近づかないようにしている」と話し、足早に立ち去っていった。

進出したのは、福岡市に組事務所を構える工藤会の傘下組織で、ビルが事務所になったのは10年ほど前なのだという。以降、千葉県内でもヤミ金融や傷害などの事件で工藤会系組員が逮捕される事件が起きている。

定期的に組幹部が千葉県を訪れ、他の暴力団の会合に出向いたり、関東圏で活動する組関係者と接触したりしているのを、警察は確認している。

警察側も、関東で活動する工藤会の規模や「シノギ（資金源）」などの実態を、十分には把握できていない。ただ関係者への取材を進めると、地元の暴走族や半グレ集団が組織の中核を担っていることが見えてきた。松戸だけでなく、千葉県内の主要都市や東京など首都圏で幅広く活動しているとみられている。福岡県警の捜査関係者は「壊滅作戦後に食いっぱぐれ、この組を頼りに北九州を離れて関東に進出した組員もいるようだ」とも指摘する。

昨年7月までには、千葉県内で男子大学生を粘着テープのようなもので縛り上げてレンタカーに監禁し、暴行を加えて高級腕時計などを奪ったとして、工藤会系組員の男ら4人が逮捕監禁や強盗致傷の疑いで逮捕された。男は「工藤会を知っているか」「工藤会の仕事を手伝え」などと言っていたとされ、この事件は、工藤会の関東進出の氷山の一角とも言える。

他にも、新型コロナウイルス対策の持続化給付金を、別の暴力団の元組員らと役割分担してだまし取った詐欺容疑で逮捕された工藤会系組員などもおり、生き残りを模索して活動の範囲や資金調達の手法を刻々と変える組員の姿勢が見て取れる。

捜査を指揮する福岡県警幹部は、気持ちを引き締める。

「工藤会のシノギ（資金源）が変わってきている。あらゆる法令を駆使して資金源対策をしないと太刀打ちできない」

「餃子の王将社長射殺事件」の衝撃

２０２２年10月28日に「餃子の王将社長射殺事件」の容疑者が逮捕されると、工藤会の名を報道で目にする機会がふたたび増えることになった。このとき逮捕されたのは、他の事件によって福岡刑務所に服役していた工藤会系組員だったからだ。

王将フードサービスの社長だった大東隆行《おおひがしたかゆき》さん（当時72歳）が京都市山科《やましな》区の本社前の駐車場で射殺されたのは２０１３年12月19日のことだ。

毎朝、５時半か６時頃に出社して会社の周りを掃除するのを日課にしていた大東さんはこの日も早くに出社しようとしていた。駐車場に車を停めて降りたところをいきなり銃で撃たれたのだ。４発の弾丸が胸や腹などに命中していた。７時頃に出社した社員が昏倒《こんとう》している社長をみつけたが、運ばれた病院で死亡が確認されている。

このとき犯人は、小型オートバイで乗りつけ、至近距離から銃を発射して致命傷を負わせたあと、すぐに逃げ去ったとみられる。

手際の良さから暴力団の犯行ではないかということは当初から疑われていた。しかし、実行犯が逮捕されることもなく、長らく未解決のままになっていたのだ。

２０１６年には反社会勢力との関係がなかったかを調べていた第三者委員会の報告に

よって、特定の企業グループとのあいだに不適切な取引があり、その総額は約260億円にのぼり、そのうち約170億円以上が未回収になっている事実が判明している。

それに伴い、福岡県内でゴルフ場経営などの事業を展開していた問題の企業グループが事件に関与していたのではないかという報道も増えていった。

この段階ですでに今回逮捕された田中幸雄《たなかゆきお》容疑者が所属する工藤会系石田組の関与が疑われていることも捜査関係者からは聞いていた。

西日本新聞でもこの年、企業グループトップの男性に直撃取材をしていたが……。

「大東さんとは何の確執もない。（田中容疑者の所属する組織の）組長と会ったことはあるが、親しい付き合いではなく、事件についてはまったく身に覚えがない」と、疑惑のすべてを否定するだけだった。

この後も「王将事件でついに警察が動く」といった類《たぐ》いの情報は何度となく入ってくることがあった。捜査は京都府警が担当していたので、地元で起きた事件のようには取材できなかったが、情報が入るたびに手を尽くして確認作業に走り回った。万が一に備えて関係先を張り込んだこともある。

結局、いつも〝空振り〟だった。

それだけに、京都府警が田中容疑者逮捕に踏み切ったときの衝撃は大きかった。逮捕の初報としては友好関係にある京都新聞の記事を掲載させてもらい、その後は共同通信の配信記事で紙面を作っている。

この事件では、現場付近に残されたたばこの吸い殻から、田中容疑者のものと一致するDNA型が検出されていた。今回、京都府警はたばこの吸い殻を詳細に鑑定したというが、吸い殻だけで有罪が立証できるわけではない。

もどかしさはあるが、今後も地元の関係先を中心に取材しながら事件の行く末を注視していきたいと考えている。

「ネオ工藤会」の芽を摘む判決

野村、田上両被告の一審判決から約1年5カ月がすぎた2023年1月26日、工藤会ナンバー3で理事長の菊地敬吾被告の判決公判が福岡地裁で開かれた。

菊地被告は野村、田上両被告の出身母体で、工藤会最大の2次団体・田中組の組長でもある。文字通り両被告の直系で、「次のトップ」と目されることもある重要人物である。菊地被告は田上被告よりも16歳若い。それだけに有罪・無罪だけでなく、量刑にも注目していた。短い懲役刑では出所した後、工藤会の組織に戻って、組織を率いる可能性があるからだ。

取材班は、今回の判決の重みを感じていた。だから読者がより今回の判決を理解できるよう、一連の工藤会裁判を振り返り、今回の判決の意味を伝える連載を事前に紙面に載せたのだ。

菊地被告が問われたのは、野村、田上被告と同じ「市民襲撃事件」だけではない。暴力団の立ち入りを禁じる「標章」を掲げた飲食店の経営者や入居するビルが襲撃されたことは前述しているが、菊地被告は、そのうち三つの事件でも起訴されている。

午後1時半、ダークグレーのスーツに身を包んだ菊地被告は、一礼して法廷に入った。法廷には事件を担当する福岡県警幹部の姿もあり、空気が張り詰めている。

「被告人を無期懲役に処する」。

伊藤寛樹裁判長が主文を言い渡すと、菊地被告は身じろぎもしなかった。

「犯行の動きを生み出す統率者であった」

「反社会性、危険性が著しく高い犯行に統率者として関与した責任は重大だ」

裁判長は約1時間半の間、判決理由を読み上げた。自らの関与が認定されている場面では、菊地被告が首をかしげ、眉《まゆ》をひそめていたのが印象的だった。

菊地被告は、特に田上被告から「厚い信頼を受け、寵愛《ちょうあい》されていた」とされる。2011年、39歳の時に年配者を抜く形でナンバー3に登用されたのだ。

工藤会最大の2次団体・田中組の組長を兼ね、工藤会の元組員は「血の気が多く、上の指示なら善悪を考えずに遂行する力があると見込まれていた」と打ち明けてくれた。それだけに、検察関係者は「まだ若い菊地被告に仮に軽い判決が出れば、出所後に『ネオ工藤会』となって同じような事件を起こす可能性は十分あった。長期間、社会から隔離できる量刑が必要だった」と胸をなで下ろしていたのだ。

これで工藤会トップ3人に対し、一審ではいずれも厳しい刑が言い渡された。福岡県警の捜査幹部は「『暴力団を許さない』という市民社会の声を、司法が受け止めた判断だ」と力を込めて、今回の判決の意義を語っていた。

未解決事件はいまも残っている

工藤会関連の未解決事件はいまも複数残されている。

なかでも今後の展開が注目されるのは、2013年に起きた上野忠義さん射殺事件だ。福岡県警は事件直後、北九州市小倉北区の工藤会系組事務所など複数箇所を家宅捜索しているが、いまだ実行役の容疑者逮捕にすら至っていない。

上野さんの事件は、工藤会壊滅作戦に踏み切るきっかけになった事件でもある。

福岡県警は、現場を管轄する若松署に捜査本部を置いて、いまも捜査を続けている。事件を担当する捜査幹部は「警察の威信をかけた捜査だ。必ず容疑者を逮捕する」と決意の強さを口にしている。

上野さんの事件が起きてから間もなく10年となる。

この事件の捜査の行方に限らず、我々にとっては気が抜けない取材が続く。

工藤会が残した傷跡は深い。

その傷にいまも苦しめられている人は決して少なくない。
希望の灯が見えてきている部分はあっても、いまだ幕引きはされていないのである。

あとがき

「過去に前例のない陣容で『城』を囲んだ。一気に『落城』に追い込めるか。まさに正念場である」

福岡県警が２０１４年9月11日に工藤会壊滅作戦に着手してから１週間後、西日本新聞は「警察の威信も問われる」と題した社説を紙面に掲載した。

当時、県警は工藤会最高幹部を逮捕はしたものの、起訴、有罪判決にまでこぎ着けることができるのか、不安視する声も少なくなかった。それと同時に、異例の壊滅作戦の行方が、その後の暴力団捜査のあり方にも大きな影響を与える可能性があると考えていた。

取材班は、刑事裁判の経緯は、なるべく詳しく伝える方針で臨んだ。弁護側は無罪を主張し、全面対決となるのは明らかだった。それならば、法廷でどんな攻防があり、裁判所は何を根拠に判決の結論を導いたのか、読者に伝え、書き残さなければならないと思っていたのだ。週に2回ほど終日開かれる法廷を取材し、日々報道しながら、月に１回程度、一面を使った「マンスリー報告」にも取り組んだ。

今回の出版では、西日本新聞社会部と北九州本社の記者たちが積み上げてきた取材の成果を基に、判決当時、社会部で事件担当デスクだった伊藤完司《かんじ》と、北九州本社キャップだった岩谷瞬《いわたにしゅん》が記事の編集や追加取材を担った。

2023年9月には福岡高裁で、野村、田上両被告の控訴審初公判が開かれる予定だ。最高裁まで争われるとすれば、最終的な結論が出るまでには、なお長い道のりが残されている。これからの審理もつぶさに取材し、読者に伝えていく必要があると考えている。

第3　五代目工藤会における被告人野村の立場及び被告人両名の関係性等（略）

第4　元警察官事件について

本件は、工藤会理事長兼田中組組長以下の田中組組員が、組織的に、退職した警察官である被害者をけん銃で襲撃した事件であり、実行犯には少なくとも未必的な殺意があった。

けん銃は一般市民には通常入手が困難であり、犯行態様自体から、暴力団組織等の犯罪組織の関与が相当程度疑われる上、長年工藤会の捜査に従事し最高幹部と直接話の出来る数少ない捜査員であった被害者をけん銃で襲撃すれば、即座に最高幹部を含む工藤会組員の関与が疑われ、警察の工藤会に対する取締りがより一層強化され、工藤会にとって重大なリスクがあることは容易に想定できる。このような事件を田中組組員が工藤会の総裁・会長である被告人両名に無断で起こすとは到底考え難い。被告人田上が工藤会理事長兼田中組組長をかねてより信頼・寵愛していたことなども踏まえれば、被告人両名の本件犯行への関与が強く推認される。被告人両名と被害者との間には犯行の動機となり得る事情も複数認められる。五代目工藤会における重要な意思決定は、被告人両名が相互に意思疎通をしながら、最終的には被告人野村の意思により行われていたが、本件犯行の実行の決定は工藤会にとって極めて重要な意思決定というべきであるから、被告人両名が意思疎通をしながら、最終的には被告人野村の意思により決定されたものと推認される。

第5　看護師事件について

本件は、工藤会理事長兼田中組組長以下の田中組組員や田中組出身者である工藤会幹部が、組織的に、美容形成クリニックの看護師である被害者を刃物で襲撃した事件であり、実行犯には少なくとも未必的な殺意があった。

被告人野村は、上記クリニックで受けた亀頭増大手術及びレーザー脱毛施術の結果が思わしくなかった上、クリニックの対応、とりわけ担当看護師である被害者の対応が悪いと感じ、被害者に強い不満を抱いており、被害者襲撃に及ぶ動機があった。一方、被告人田上や本件犯行に関与した組員らは、被害者と一切接点がなく、被告人野村以外に工藤会内に犯行動機を有する者はいなかった。被告人野村は、事件の2日後、被害者が匿名で報道されていた本件につき、被害者が被害に遭ったことや被害者が刺されたという被害態様を知っており、犯行を肯定的に捉える発言もしていた。本件犯行は、被告人野村の意思決定によりなされたと推認でき、弁護人が主張するように、他の人物が被告人野村に無断で犯行を実行した可能性はない。本件は、工藤会総裁である被告人野村の意思決定に基づき、多数の工藤会田中組の組員が組織的に準備・遂行した犯行であるから、特段の事情がない限り、被告人野村は、被告人田上と意思疎通をした上で、本件犯行を実行するとの最終的な意思決定をしたといえるところ、犯行には、工藤会理事長や理事長補佐が深く関与しているが、被告人田上は両名共通の渡世上の親に当たる工藤会会長であり、個人的な関係も深く、被告人田上も犯行に関与していたと考えるのが、自然である。工藤会田中組の組職的犯行であることが発覚すれば工藤会総裁である被告人野村

福 岡 地 裁 判 決 骨 子

罪名　銃砲刀剣類所持等取締法違反、殺人、組織的な犯罪の処罰及び犯罪収益の規制等に関する法律違反

被告人　野村悟、田上不美夫

○主文

被告人野村悟を死刑に処する。

被告人田上不美夫を判示第1の罪について無期懲役に、判示第2の1、2、第3及び第4の各罪について無期懲役に処する。

被告人田上不美夫に対し、未決勾留日数中1500日を判示第1の罪の刑に算入する。

○事実認定の補足説明の骨子

第1　二代目工藤連合草野一家、工藤会及び三代目田中組の概要等（略）

第2　元組合長事件について

実行犯2名は、けん銃2丁を用い、漁協の元組合長である被害者に至近距離から銃弾5発を発射したが、実行犯の一人は、当時の工藤連合の二次団体である田中組の若頭補佐であった。犯行使用車両の調達に複数の田中組の幹部が関与し、事件の3日後には、同幹部らの間でその処理等に関する協議が行われたとうかがわれること、工藤会幹部が関係者に対して実行犯のアリバイに関する口裏合わせを依頼したこと、本件で服役した組員らのために工藤会及び田中組により現金が積み立てられたり、多額の差し入れ等がされていることなども踏まえると、本件が田中組の幹部を含む工藤連合の組員らにより組織的に敢行された犯行であることは明らかである。

そして、本件当時田中組序列1位、2位の組長及び若頭であった被告人両名が被害者一族の利権に重大な関心を抱き、平成9年以降、田中組の幹部を含む工藤連合の組員らが被害者及びその親族に対して執ように利権交際を求めたものの、これを拒絶される中で本件が起こっており、本件の前年には、被告人野村は、被害者一族がいる限り、その利権に食い込むのは困難であるとの認識を示していた。仮に利権交際要求に被害者一族が応じた場合、巨額の利権の相当部分について、工藤連合の最高幹部の地位にあった被告人野村が取得することが見込まれており、被告人野村には本件犯行を行う動機が十分にあった。また、被告人田上も、本件の約3か月後、自ら被害者の長男に工藤連合との利権交際を要求している。加えて、実行役や犯行使用車両の調達等で重要な役割を果たした田中組幹部らは、互いに指示をしたり、従ったりという関係にはなく、これらの者にいずれも犯行を指示できる組織の上位者としては、組長の被告人野村と、被告人野村の意向を受けた若頭の被告人田上がまず想定されることなども総合すると、本件犯行に被告人両名の関与がなかったとは到底考えられず、被告人両名が本件犯行を共謀した事実が優に認められる。

弁護人は、本件の起訴は公訴権を濫用した極めて不当かつ違法なもので無効であると主張するが、失当である。

により襲撃した各犯行の動機・経緯に酌むべき余地は皆無である。いずれも田中組組員らが役割を分担し、被害者らを路上等で襲撃するという組織的・計画的で大胆な犯行であり、殺害意図の強弱はあるものの、いずれも非常に危険な態様であって、人命軽視の姿勢は著しい。各被害者は犯人の処罰を望んでいる。元組合長事件の被害者の長男は、歯科医師事件の被害者の父親でもあり、父親のみならず息子までもが理不尽な被害に遭った悲痛な胸の内を吐露しており、その心情は察するに余りある。これら3事件により、一般社会、特に北九州において体感治安が著しく悪化するなど、甚大な社会的影響が生じた。被告人野村は、工藤会総裁の立場で、工藤会田中組の組織力や指揮命令系統を利用し、首謀者として関与したものであり、その刑責は極めて重い。

3　被告人野村について、元組合長事件に他の3事件も加味すれば、組織的犯罪としての重大性・悪質性が一層顕著となり、極刑を選択すべき必然性はより高まる。被告人野村の供述態度から反省の情を見て取ることはできず、有利に考え得る事情を最大限考慮しても、極刑を回避すべき特段の事情は見いだせない。被告人野村の罪責は誠に重大で、罪刑均衡、一般予防、いずれの見地からも、極刑の選択はやむを得ない。

第2　被告人田上の量刑について

1　被告人田上については、法律上、元組合長事件の量刑と他の3事件の量刑とを別個に検討しなければならない。

2　元組合長事件の犯行に関する事情や、遺族の処罰感情、犯行の社会的影響といった点は、被告人野村について検討したところと同じである。被告人田上は、当時田中組若頭の地位にあり、被告人野村と同様、被害者一族の利権に重大な関心を抱き、利欲的な動機に基づいて元組合長事件に関与した。当時の田中組における立場等からすると、被告人田上は、被告人野村と共に、犯行に至る意思決定に深く関与し、犯行を指示したものと認められる。被告人田上の刑責は重大であり、被告人野村にこそ及ばないが、無期懲役に処された実行役を下回ることはない。よって、元組合長事件について、無期懲役刑を科すのが相当である。

3　他の3事件の犯行に関する事情や、被害者の処罰感情、社会的影響といった点についても、被告人野村について検討したところと同じである。被告人田上は、これら3事件に、いずれも工藤会会長という立場で、被告人野村と相通じるなどしてその意思決定に関与し、不可欠で重要な役割を果たした。その刑責は被告人野村に次いで重い。被告人田上の供述態度から反省の情を見て取ることはできず、他の共犯者との刑の均衡という観点も踏まえると、有利に考え得る事情を最大限考慮しても、上記3事件についても無期懲役刑を科すのが相当である。

なお、検察官は、元警察官事件の犯行について、工藤会の意に背けない風潮を助長し、その経済的利益獲得に資するという目的も併せ持っていたとした上で、被告人田上に罰金刑を併科すべきと主張するが、結果的に工藤会の経済的利益獲得に資するという効果が見込まれるとしても、これを意図して本件犯行が行われたとまでみるのは飛躍があるから、罰金刑を併科することはしない。

に強い嫌疑が及ぶこととなる犯行について、工藤会理事長以下の組員が工藤会の当代会長である被告人田上に相談なく実行に及ぶとも考え難い。したがって、本件犯行は、被告人野村が被告人田上と意思疎通をした上で最終的な意思決定をしたものと推認できる。

第6　歯科医師事件について

本件は、工藤会理事長兼田中組組長以下の田中組組員が、組織的に、歯科医師である被害者を刃物で襲撃した事件であり、実行犯には殺意があった。

被告人田上は、従前から、北九州地区の港湾建設工事等に強い影響力を有すると見られていた被害者一族の利権に注目し、被害者の父親に対して工藤会との利権交際に応じるように執ように要求したが、同人はこれに応じなかった。また、被告人田上は、事件後には、被害者の父親のいとこに対して、被害者の父親が工藤会の利権交際の要求に応じないことからその息子である被害者を見せしめに襲撃したと、犯行の理由を説明した。事件に関与した組員は被害者と面識がないばかりか、その父親との関わりもなかったことなどを考慮すると、本件は、被告人田上が、工藤会理事長兼田中組組長に指示して、組員らに実行させたものであると推認できる。また、かねてからの被告人野村の関心事である被害者一族の利権介入に大きく関係し、かつ、多数の工藤会組員を組織的に動かすこととなる本件犯行について、被告人田上が、被告人野村の関与なしに、実行の指示をするとは到底考え難い。本件発生当時も、被告人野村には、本件犯行に及ぶ十分な動機があったことなども踏まえると、本件犯行を実行する意思決定には、被告人田上のみならず被告人野村も関与しており、本件犯行は、工藤会の最高幹部である被告人両名が意思を相通じた上で、最終的には最上位者である被告人野村が意思決定したものと推認できる。

量刑の理由の骨子

第1　被告人野村の量刑について

1　現に被害者が殺害された元組合長事件が量刑判断の中心となる。当時工藤連合若頭兼田中組組長であった被告人野村は、被害者一族を屈服させ、巨額の利権を継続的に得ようと、田中組組員らと共謀して漁協の元組合長の被害者を殺害した。

利権獲得目的から暴力団組織が 一般市民を襲撃して殺害するという犯行は極めて悪質である。周到な準備の上、二人がかりで銃撃するという組織的・計画的で大胆な犯行であり、実行犯2名は、被害者に向けてけん銃を発射し、路上に転倒した被害者に対し、とどめを刺すべく更にけん銃を発射しており、強固な殺意に基づく執ようかつ極めて残虐な犯行でもある。結果は余りに重大で、被害者の長男が首謀者の処罰をも望むのは当然である。地域住民や社会一般に与えた衝撃は計り知れない。被告人野村は、工藤連合田中組の組織力や指揮命令系統を利用し、首謀者として関与しており、その刑責は誠に重大である。被害者1名の殺人事件におけるこれまでの量刑傾向を踏まえても、特段の事情がない限り、極刑を選択すべきである。

2　他の3事件について検討する。何ら落ち度のない一般市民である被害者らを組織

本来、団体は「工藤會」と表記していますが、西日本新聞は原則、旧字体を使用しておらず、「工藤会」と表記します。

本書はすべて書き下ろしです。

西日本新聞取材班（にしにっぽんしんぶんしゅざいはん）
西日本新聞は福岡、佐賀、長崎、熊本、大分の５県を発行エリアとするブロック紙で、本社を福岡市に置いている。工藤会トップ裁判の取材班は、本社社会部と北九州市にある北九州本社の記者を中心に構成し、公判や未解決事件の捜査、工藤会の実態や組員の離脱者支援なども取材している。工藤会関連の記事は、本紙ウェブサイトで一部を公開している。https://www.nishinippon.co.jp/

落日《らくじつ》の工藤会《くどうかい》

2023年３月31日　初版発行

著者／西日本新聞取材班《にしにつぽんしんぶんしゆざいはん》

発行者／山下直久

発行／株式会社KADOKAWA
〒102-8177　東京都千代田区富士見2-13-3
電話　0570-002-301(ナビダイヤル)

印刷・製本／大日本印刷株式会社

ISBN 978-4-04-112204-4　C0036